“共享生命成长”丛书

U0963364

共享生命成长

赵 勇 著

山东大学出版社

“共享生命成长”丛书
编 委 会

教育和教学的出发点与归宿：共享生命成长

（代丛书总序）

教育是国家与民族的屹立之基，是文化传承的手段，是文明进步的阶梯，教育能让人更充分地体验生命的真善美，不断创造更美好的未来。每一个生命都是无比珍贵的，而每一个珍贵的生命都有内在提升的要求，教育所要承担的就是充分尊重每一个人的这种要求，开启每个人的智慧德能，实现有尊严、有个性、有价值的发展。

学校教育的使命是什么？是教书育人。但学校教育实际上是由学生、教师乃至家长等多个主体协作完成的，这些主体相互依存、相互作用、相互影响，形成了相成相长的教育共同体，并共同创造出一个启迪智慧、滋养生命的“生命场”。教书育人的过程，就是学生、教师和家长共享生命成长的过程。

拥有100多年历史的山东大学附属中学，长期以来大力倡导并扎实推进“共享生命成长”的教育实践，不断构筑和完善“学生—教师—家庭”的学习共同体，让学生的学习与教师、教材、课程、环境产生多样化的关系，并在与老师和家长的充分交流与和谐互动中共同感受生命的尊严、生活的美好和成长进步的快乐。在这个过程中，我们一方面努力创造以相互倾听为基础的课堂教学与交流，并以实现创造性、合作性学习为目的，促进师生之间相互学习、教学相长；另一方面，我们也将家庭纳入教育环节，让家长介入教育过程，并为家校合作提供载体。实践证明，这样的教育模式不仅仅能够更活泼和有效率地完成教学任务，而且更重要的是对学生树立正确的人生观和价值观、形成健康健全的人格、实现综合性全面发展起到了意想不到的良好效果。还不仅如此，通过“学校—家庭”这一延伸，对社会教育也产生了相当的辐射作用，得到了广大家长的普遍认同和好评。经过多年的共同实践，各相关主体认为，“共享生命成长”的教育和教学模式对于形成能力、塑造精神、传承历史、开创未来都是最好的、最恰如其分的选择。

在“共享生命成长”的教育和教学实践过程中，山东大学附属中学的教育工作者们形成了许多相关成果，既有理论和理念方面的，也有教学实践方面的，与此同时，学生和家长们也在共享成长的过程中形成了诸多颇有价值的文字性资料，虽非鸿篇之作，却也足得管窥之真，更主要的是非常接地气，是经过实践检验了的。遂不揣浅陋，委托山东大学出版社策划并付梓，一则分享自珍之敝帚，亦期就教于教育教学的专家、学者及社会大众。

此为序。

山东大学附属中学校长

2019 年 5 月

目　录

第二篇 学生篇

第三篇 教师篇

第四篇　家长篇

第一篇

理念篇

第一章
一方沃土

学校是一个启迪智慧、滋养性灵的生命场。在这个生命的场域中，孕育了由学生—教师—家长构成的共同体。我们一直秉持“共享生命成长”的理念，让孩子喜欢学校，让家长满意教育过程，让教师自主成长。

在西方国家，流传着一个对教育的形象比喻：教育就是用一棵树摇动另一棵树，用一朵云去推动另一朵云，用一个灵魂去唤醒另一个灵魂。站在生命的高度，从动态发展的角度来看教育，学校就是一个以文化的熏陶、智慧的启迪来关照灵魂、沟通心灵的场域，即“生命场”。山东大学附属中学依托山东大学丰厚的文化底蕴茁壮成长。在清朝末年“废科举，兴学堂”的浪潮中，山东巡抚袁世凯于1901年（清光绪二十七年）上奏《山东试办大学堂暂行章程折稿》，同年11月在济南泺源书院正式创办官立山东大学堂，设专斋（相当于大学）、正斋（相当于中学）、备斋（相当于小学），分斋督课，迄今已有117年的历史。1926年7月24日，当时的山东省教育厅决定，将山东省第一、第二、第六和第十中学的高中部学生划拨给山东大学作为附属中学预备生，同时面向社会招生。同年，后来成为著名学者的季羡林先生考入山东大学附属中学。100多年来，山东大学附属中学和山东大学一样，随着社会的变革，由晚清王朝、中华民国到中华人民共和国，几经沉浮，几度沧桑。百年间，山东大学附属中学曾数次更名，有过停办、重建、合校、搬迁、复校等多次变革，但她服务于基础教育，致力于推动中国基础教育事业发展的初心始终未变。2016年12月，根据山东大学“双一流”建设综合改革工作的部署，在山东大学党委、行政领导的支持和关怀下，以山东大学附属中学为主体的“山东山大基础教育集团”（以下简称“山大基础教育集团”或“集团”）成立，目的是更好地促进山东大学基础教育的发展，更好地发挥示范引领作用。

在曲折前进的道路上，山东大学附属中学和祖国同呼吸、共命运；在“传道授业解惑”的事业中，她和师生共成长、同发展。她培养了大批既有真才实学、又有崇高理想的人才，为促进民族素质的提高和教育事业的发展做出了贡献，也形成了其特有的“生命场”。

一、何为“教育生命场”

在由“学生—教师—家长”构成的教育共同体中，每一个个体以多种方式与周围世界产生关系。从学生的角度，场域关系来自师生之间、生生之间，以及课程、自然和社会之间。从教师的角度，他们与学生、同事、课程、家长之间形成丰富的关系网络。从家长的角度，他们所面对的是学校文化统领下的亲子关系、家校关系。在共同体的相互作用、彼此影响下，形成一个启迪智慧、滋养生命的“生命场”。

在校园这个巨大的生命场中，每个人不是“孤岛”，而是彼此息息相关的生命共同体。从过程哲学的视角看，每个人都是环境的主体，并且与其他主体互相协调、互相作用。在学校里，因为共同的目标和生活，形成了教师与教师之间的专业共同体、教师与学生的教学共同体、学生与学生之间的学习共同体。从教学空间的延展角度说，还有家长与学校的教育共同体。

德国哲学家雅思贝尔斯指出，我们之所以将交往视为人存在的基本方式，其根据是人所具有的双重性：一方面，人是自我的存在，他具有自己独特的个性和意识；另一方面，人又是社会的存在，他必须生活在他人之中，生活在社会中，与他人、社会打交道。[①] 正是从这个意义上说，人既是单个的人，又是社会的人，需要在社会中不断完善自己的人格与思想。交往就充当了个人与他人、与社会之间的桥梁。它把个体的自我存在和社会上无数其他的自我存在联系起来，使它们在相互交流中成长。只有与他人共在，我们才可能成就自己。在教育生命场中，更是如此。教育本身的意义，也正在于此。

二、“共享生命成长”的教育共同体

学校教学由“学生”“教师”“教材”“学习环境”四个基本要素构

① 参见周宏：《雅斯贝尔斯交往理论探析》，《现代哲学》2000 年第 1 期。

成。我们所倡导的“共享生命成长”正是教育共同体的目标与追求。“共享”所指涉的是生命场中彼此之间的同行关系，是个体生命与自我、他人、社会和自然和谐共处的存在方式。“共享”意味着彼此尊重，意味着生命之间相互的砥砺与完善。在这一过程中，每一个有尊严的生命都会自觉地进入品格完善与自我精神完满的追求之中。因此，这一生命场会形成一种互通互联、同促共进、协同发展的美好场域。

共同体之间的良性互动会带来多方面的收益：老师之间的同伴互助、集体备课、共同研究、团队发展，成为教育的共同体；学生与学生之间的合作学习，可以互为老师、优势互补、兴趣共扬、人格相协，发展为学习的共同体；同时家长在孩子的教育与成长中起着举足轻重的作用，是教育共同体中的重要元素，家长与家长、学校、老师、学生的关系，正是家校合作共同体的体现，也同样会孕育出互帮互助、资源共享、共同成长的家长共同体。

因此，我们倡导建设“学生—教师—家庭”的学习共同体。学生的学习必须在与教师的互动中，在与教材、课程、同伴以及学习环境的关系中来加以认识，并通过学校—家庭互动的延伸场所来实现。学习只有与教师、教材、课程、学生、环境产生相互关系，才得以生成并发展。学生的“主体性”并不独立于这个系统之外，学生的需要、愿望、态度等也不是在这些关系相互作用之前就能先验地存在。师生在教育的“生命场”中，要想获得各自生命的全面和谐、自由充分、独特创新的发展，必须依赖教育活动中两类生命主体间的交往、互动、理解和支持。教与学都是学校环境下生命存在的一种方式，师生平等的对话交流，体现出学生与教师共同的生命尊严，这样才能使教与学成为让师生彼此美好的生命体验形式。

集团提出要建设“学生—教师—家长”共同体，这种教育模式旨在创造以相互倾听为基础的课堂交流，并以实现创造性、合作性学习为目的，促进师生之间相互学习、相互促进。同时，这种教育模式将家庭纳入教育环节，让家长介入教育过程，并为家校合作提供载体。“学生—教师—家长”共同体更符合教育的规律和本质，更能适应新的经济和社会条件下的教育需求。

第二章

教育的意义

教育也许不能左右现在，但一定可以改变未来。因此，我们必须做有信仰的教育，让教育成为社会文明之源、人生幸福之基。

就教育的意义而言，我们的信条是：

——立德树人，促进学生健全人格的发展。教育必须致力于学生人格品质和学习品质的培养，学习成绩只是学生发展的衍生物。

——让学生享有生命的尊严。教育是一项直面生命的事业。每一个生命都是无比珍贵的，生命没有优劣，只有差异，而差异是不可替代的。每个生命都有个性，每个生命都有尊严，尊重个性才能体现生命的尊严，只有这样，我们每个人才能享受有尊严的生活。

——提升国家与民族的尊严。秉持山东大学“为国家图富强，为天下储人才”的办学宗旨，教育助力中华民族的伟大复兴。中华民族的复兴不仅仅是经济的繁荣，更应该是国民素质的提升、社会制度的进步和民族精神的壮大，为此必须更多地依赖树立崇高的价值观和建设高尚的民族文化。只有这样，中华民族的复兴才能赢得尊重，享有尊严。响应全球范围内人文精神重建的号召，充满自信地传承中华民族几千年来积淀下来的优秀文化，在与世界各国优秀文化的对话中进一步完善我们的价值观和传统文化，并力求创造一种新的、具有生命力的、适应时代发展的新文化，这也是学校教育者必须承担的职责和使命。

学校不是工厂，不应该以流水线的方式去生产标准化的产品。在学校里，教师的工作具有相对的自主性、独立性，甚至可以说一名教师就是一所学校。教育工作者要自觉地在自身信仰和学校办学理念的指导下开展工作，体会并践行教育的意义。

一、教育奠基幸福

教育是人与人精神的契合，是人与人之间形成的敞亮的对话关系，而这种“关系”正是人类历史文化的核心。如果没有对彼此的理解与尊重，没有充分的自由，对话就无法展开，关系也无法打通，交流便会成为空洞的存在，文化更是无法延续，人格也就难以塑造。在学习中，只有被灵魂所接受的东西才会成为精神瑰宝，如果思维没有被打开，再好的资源也不能进入一个人的灵魂。在教育共同体中，师生关系是动态的，这一关系的良性发展建立在教师对学生人格尊重的基础上，只有这样才会唤起学生理性的认同与感情的相通，没有尊重与关怀，就没有教育。好的教育，通过唤醒学生的成长来为他奠定幸福人生的基础。

（一）教育唤醒成长

从教育的意义上看，教学应该是让学生在探索中实现自我成长。也就是说，教育应该唤醒学生的潜在力量，促使他们从内部激发自我意识，并积极参与到学习过程中，获得人格和精神的升华。孟子曰："我善养吾浩然之气。"[①] 教育就是培养学生的"浩然之气"。

雅斯贝尔斯说："教学活动中的读、写、算的学习并不是技能的获得，而是以此参与精神生活，细心地把握其中的美，而不是外在的手的动作和理解运算。"[②] 作为共享生命成长的守护者，我们的教育应拒绝强迫和灌输，应在尊重的基础上注重培养学生的独立思考和批判的能力，也就是让学生具备独立的人格和质疑的精神。将学生从应试的桎梏中解放出来，才能让他们形成健全的人格并获得真知，能够学以致用。

"知识就是力量"，但比知识本身更重要的应当是在汲取知识的过程中形成良好的思维品质和认知方法。好的教育要兼顾过程与结果，结果不仅仅是优异的考试成绩，还要让学生具备适应社会和改造社会的能力，能够运用学到的知识，使人生更幸福。教育是让学生明白什么是幸福以及如何实现自己的幸福。

---

① 杨伯峻译注：《孟子译注·公孙丑上》，中华书局1984年版，第62页。

② ［德］卡尔·雅斯贝尔斯：《什么是教育》，邹进译，三联书店1991年版，第35页。

如果要让学生幸福，就要让他拥有正确的世界观、人生观、价值观。为此，我们必须把握成长的规律，讲求科学的教育方法。苏联教育家苏霍姆林斯基说："教师确实善于在每一个学生面前，甚至是最平庸的、在智力发展上最有困难的学生面前，为他打开精神发展的领域，使他能够在这个领域里达到顶点，显示自己，宣告大写的'我'的存在，从人的自尊感的泉源中吸取力量，感到自己并不低人一等，而是一个精神丰富的人。"① 这便是说，让每个学生都回归为"人"这一角色，对学生进行"人"的教育，给他们的人生施加积极的影响，促进他们的人格养成。

（二）教育守护成长

教育对学生成长的作用，体现在三个层面：塑造精神、愉悦身心和形成能力。

1. 塑造精神

在学生生命的成长过程中，学校教育就是播种者。我们的教育应当秉持给孩子塑造精神力量的原则：一方面，经历良好成长的学生应当有敬畏之心。敬畏之心指的是一个人对他人、对社会、对自然、对规则怀有的一种敬重与畏惧态度，一个有敬畏之心的人才是有德性的人。另一方面，良好的成长会给人以富足、完美的精神世界。一个具有富足和完美精神世界的人，他的生命才能充盈而有活力，他才能懂得人生的价值。

---

①［苏］B. A. 苏霍姆林斯基：《给教师的建议》，杜殿坤译，教育科学出版社 1984 年版，第 361 页。

2. 愉悦身心

教育要符合孩子的天性，愉悦身心是身心健康的保证。学生的生理成长需要良好的生活习惯、健康的生活方式以及健康的心理状态。以科学的视角关注学生的健康成长，关怀学生各个阶段的心理变化，不留隐患、及时疏导、解决问题，让成长成为一种可持续的健康成长。作家冯唐曾说："成功没有捷径，但需要一些好习惯。"幼年是养成好习惯的最佳时期，这时的孩子就像一张白纸，如果能在家长的引导下养成好习惯，就能在这张白纸上慢慢展现美妙的图画，而不是乱七八糟的涂鸦。要让孩子注意饮食、加强锻炼和保证睡眠，不沉迷电脑游戏、陷于虚拟社交、沦为"手机控""低头族"等等，对这些细节的关注，均有利于学生身心健康。

3. 形成能力

能力是学生在社会上生存的保证，对学生而言，能力主要涵盖主动的学习力、敏锐的思考力、丰富的想象力、扎实的行动力和团队的协调力。学生的独立思考、批判精神以及自我抉择意识，是未来社会要求一个人必须具备的品格。能够发现问题，对若干问题进行梳理，找出问题的症结，联系现实设计解决问题的途径，这也是教育要达到的育人愿景。学校要从思维、学习、生活习惯等各个方面，帮助孩子发现兴趣，培养兴趣，逐步形成志趣，并将这种志趣转化为一种习惯与能力，使孩子们顺利地度过成长的阶段，让孩子在未来能够自主选择职业，选择理想的生活方式。

（三）教育促成信仰

教育的核心在于促成人们的信仰。做有信仰的教育，让教育回归人，让人回归生活，让生活回归幸福。教育者一定要给下一代以安身立命之本和精神力量之源。因此，我们秉持做有信仰的教育，并相信在我们教育孩子时，坚持人格第一、智慧第二、知识第三。一个人具有健康的人格，才能具有使命感和正确的价值观，才能使智慧、知识发挥合力。从人类文明诞生起至今，已经积累起强大的智慧和知识能量，特别是在信息技术深度发展、人工智能开始广泛应用于人类生活的今天，我们并不缺少智慧，也不缺少知识，而是缺少与智慧、知识相匹配的德行。正是基于此，面对着丰富的物质世界，一个德行不足、人格不健全的人，是无法享受智慧和知识进步带来的幸福的，甚至智慧和知识的不断丰富可能给他带来更大的痛苦。因此，只有人类普遍获得健康的人格，才能驾驭知识、发展智慧，才能避免人工智能时代到来所带来的危险，才能真正享受到人生的幸福。

全国第八次基础教育课程改革中提出的“三维目标”，表达了对“情感态度价值观”的内在追求，知识的学习、技能的发展、能力的获得，都需要指向情感态度价值观，即人格的形成。没有形成情感态度价值观的学习一定是在过程与方法上出了问题，一定是虚的、假的学习。作为“三维目标”的“升级版”，“核心素养”从能力与品格的完美统一的角度，再一次表达了“教育的本质在于育人”的观点，强调了“立德树人”的重要性。我们提出信仰教育，把教育的本质定位在信仰的促成上，这就意味着我们是在更高的层面上落实国家的期望。较之情感态度价值观，核心素养所追求的信仰是一个更上位的概念，它是一个有品格之人的最高存在方式。

把教育提升到信仰的高度，绝非为了标新立异，也不是给学校的改革与发展寻找一个冠冕堂皇的理由。它旨在表明：一个具有健康人格的人，才具有文化上的创造力。作为中国人，只有普遍获得健康人格和广阔的心理力量，才可能创造出走向世界的文明。山大基础教育集团秉持山东大学“为天下储人才，为国家图富强”的宗旨，为中华民族的伟大复兴贡献自己的力量。中华民族的复兴不仅仅是经济的繁荣，更应该是国民素质的提升、社会制度的进步和民族精神的壮大。也就是说，实现中华民族伟大复兴，同时也是创造一种新文化的过程。顺应全球范围内人文精神重建的需要，响应习近平总书记弘扬中华民族优秀传统文化的号召，充满自信地传承中华民族几千年来积淀下来的优秀文化，在与世界各国优秀文化的对话中进一步完善我们的价值观和传统文化，并力求创造一种新的、具有生命力的、适应时代发展的新文化，也是学校教育者必须承担的职责和使命。

二、教育传承历史

人类在适应和改造自然的过程中塑造了历史，历史凝结成人类文明和文化，伴随着各民族乃至全人类生生不息，薪火相传。人类的生存和发展不能没有文化，文化的传递和发展又离不开教育。教育作为一个不可缺少的、与人类共始终的、积极能动的精神文化传播活动，在整个文化系统中通过对文化的传递、传播、发展、创新，对整个文化的发展与进步产生能动的影响。正是在这个意义上，教育以文化与文明为主要载体，传承人类历史。

教育能够传承并传播历史文化。首先，教育通过确定教育内容的过程，科学地选择历史文化，用最精粹的文化要素去影响青少年。其次，教育通过教材与教案编写科学地整理着历史文化的精粹，并把其中的精粹用青少年最容易接受和理解的形式组织起来，以较快、较好地传递给年轻一代。再次，教育帮助青少年掌握历史文化的核心，使各种亚文化与核心文化保持协调。总之，教育传递着文化，使青少年相对迅速、经济、有效地占有人类创造的精神文化的精华。教育传递文化，将人类的精神文化财富内化为个体的精神财富，使之成为个体生命的一部分。这样教育作为传递文化的工具，也就具有了保存历史文化的功能。

首先，教育是历史文化的传承者。作为培养人的活动，教育以文化为中介，通过教育者和受教育者的共同活动实现历史文化的传承，客观上起着文化传承和普及的作用。在教育活动中，教育者将人类积累起来的文化，经过选择加工，形成教育语言和文字的形式，在与受教育者的共同活动中传递给受教育者。于是，上一代的文化被传递到下一代，被他们所继承、接受、理解、掌握。伴随着社会的前进和科学技术的进步，各种新的文化传媒不断涌现，我们利用这些传媒高质、高效地进行文化传播和保存，同时也把使用这些传媒的方法教给了学生。于是，学生便可主动利用这些新的工具和手段，如电视、录音、录像、网络等，去获得文化。

其次，教育促进不同文化的交流。教育主要通过两种途径促进文化的交流和融合。一是内在的教育过程本身。教育过程本身通过对不同文化的学习，对文化进行选择、整合，形成新的文化，促进文化的不断丰富和发展。二是外在的交流活动。集团秉持山东大学“为天下储人才，为国家图富强”的宗旨，着力培养具有国际视野的学生与教师。截至目前，集团已与世界范围内10余所学校建立了友好交流关系，范围涉及澳大利亚、美国、泰国、德国、加拿大、日本和印度等国家和地区。友好学校间定期举行互访和交流活动，通过交流项目，双方的教师和学生获益良多；同时，开阔了师生的视野，锻炼了他们的语言能力，加强了与不同国家之间的文化交流。

最后，教育促进文化的创造。教育对文化的选择、批判和融合功能，也就是在构建新的文化特质和体系，使文化得到不断的更新和发展。教育不仅直接产生新的文化，如新的作品、新的思想和新的科学技术，还通过培养创造性人才，来从事文化创造活动。集团在数量上和质量上培养了一支文化建设的生力军，为文化的创造提供了可能性。人是文化的主体，是文化的传承者，同时又是文化的创造者。英国人类学家贝特森在《思想生态学的步骤》一书中强调了这样一个观点：“文化本身是复杂的，学习文化的过程也是复杂的，从某种意义上看，每一代人对他们自己的文化，都有一个重新发现和理解的过程。在校学生们不仅学习自己的文化，而且重新结构自己的文化。”①

综上，教育以文化为基本形式和主要纽带，传承历史，开创未来。

① ［美］J. 辛格尔顿：《应用人类学》，蒋琦译，湖北人民出版社1984年版，第74页。

三、教育开创未来

好的教育不一定左右现在，但一定能够改变未来。当前，面对诸多需要破解的教育难题，教育家应当成为教育规律的探索者、教育改革的实践者和教育创新的开拓者。

基础教育最根本的价值是育人，是为社会培养合格的公民，为民族的复兴、国家的崛起与个人的幸福铸就坚实基础。追求中国梦，必须牢记基础教育的使命。开创未来，需要教育者有坚韧不拔的意志和经世济民的情怀。面对社会的价值多元化，教育者应当始终保持清醒头脑，不因浮躁而盲动，不因干扰而动摇，不因困难而后退。在利益诉求和关系网络错综复杂的新时代，教育者应当把坚定的信念作为自己的价值尺度和奋斗境界。教育者要有担当。担当就是高度的责任感，对国家负责，对社会负责，对家庭负责，对事业负责，对工作负责，对他人负责，对自己负责。面对困阻敢于迎难而上，面对失误敢于承担责任，面对不正之风敢于坚决斗争。

传说，在古希腊有一个名为菲狄亚斯的雕塑家，被委任雕一个雕像放在雅典神庙的屋顶上。当菲狄亚斯完成雕像后，财务官却拒绝向他支付完整的报酬，理由是这座雕像是在神庙的屋顶上，所有人只能看到雕像的前面，即便雕像的后面雕刻得和前面一样美丽，也没有人能看到。菲迪亚斯当时就反驳说："你错了！上帝看得见！"那么，什么是教育的上帝？教育的上帝就是未来。教育事业不需要表面文章，需要的是扎扎实实的系统工程，让未来成为我们教育的见证。

第三章

共享生命成长

经历即成长，而成长不止于经历。只有坚持做有信仰的教育，将尊重人、关怀人、发展人、成就人视为一种至高信仰，我们才能真正建成“教师发展的沃土，学生成长的乐园”，在共享生命成长中“养心养德，养根育能”，让生命充满张力。

一、尊重与理解：共享的前提与基础

共享生命成长，需要我们把握生命的本质和成长的内在规律。教育是一项直面生命的事业。每一个生命都无比珍贵，它没有优劣，只有差异，而差异具有不可替代性。每个生命都有个性，每个生命都有尊严，尊重个性才能体现生命的尊严，教育就是让学生享有生命的尊严，就是让他们立足差异，寻找个体间的相适，并使整个共同体和谐共生。

茅卫东在《重寻教师尊严》一书中说：“爱，是神圣的、崇高的，但爱也可能是自私的、盲目的。很多情况下，一说‘爱’，父母与孩子之间、教师与学生之间似乎就变得没有距离了，然后父母、教师就可以无视孩子的感受，不顾孩子的兴趣，任意替孩子做出决定，孩子只有顺从甚至屈从的份。我是基于这种现实才提出，我们当前应该多讲‘尊重’少说‘爱’。如果强调‘尊重’，尊重孩子，尊重学生，我想可能在一定程度上能够让我们父母和教师较为理智地认识到孩子是一个独立的个体，他们有自己的思考与感受，他们与我们是不一样的，我们没有权利事事替他们做主。爱是主观的抉择，尊重是客观的存在。爱，是一种付出，付出了爱便索求被施予者的服帖、感恩和报答，这样的爱，只会越来越沉重，最后只能以爱之名，行伤害之实。所以，尊重是共享的前提。”①

台湾知名作家蒋勋先生在他的《孤独六讲》中曾这样写道：“其实，我的母亲和许多母亲一样，手上一直握有一把剪刀，专门剪孩子的头发，比中学时代教官手中那一把更厉害，这一把看不见的剪刀叫做‘爱’或是‘关心’……”②

蒋勋先生在此谈的是家庭与伦理之“爱”对个人成长的束缚。其实，在学校教育领域，在师生关系之中，以爱的名义进行的压制、收服与伤害，也是一个相当普遍的问题。一般所谓的“爱”，其实大多是控制、占有和恐惧的代名词。“爱”某样东西或是某个人，在现实中极容易转变成对这个东西的绝对占有、强力支配和不容许他人触碰，以及当这个东西试图脱离控制时的惊慌恐惧。这种施舍般的“爱”逐渐地让学生适应了自己感恩戴德的心理角色，从而使他们发自内心地臣服于教师的威仪之

① 茅卫东：《重寻教师尊严》，首都师范大学出版社2011年版，第28页。
② 蒋勋：《孤独六讲》，广西师范大学出版社2009年版，第44页。

下。被驯服之后的学生，并不是从此便不会再有“悖逆”的心理或行为了，而是只要一有这种念头，他就会在内心对自己进行谴责：“我这样做，怎么对得起我的老师呢?”

什么样的爱才是真正的爱？真正的爱源自于尊重，在理解的基础上彼此依存。学生即使幼稚，也有其幼稚的个人思想和感情，有其独特的思维和个性的心灵，他们不是我们施恩或者显示个人魅力的愚弱对象，更不是被动地等待我们去塑造的苍白灵魂。

雅斯贝尔斯在《什么是教育》中谈到苏格拉底式的教育：“从教育的意义上看，教师和学生处于一个平等地位。教学双方均可自由地思索，没有固定的教学方式，只有通过无止境的追问而感到自己对绝对真理竟一无所知。因此，教师激发学生对探索求知的责任感，并加强这种责任感。这是苏格拉底的‘催产式’的教育原则。也就是说唤醒学生的潜在力，促使学生从内部产生一种自动的力量，而不是从外部施加压力。这不是发挥学生凭偶然机会和一时的经验所表现出来的特殊才能，而是使学生在探索中寻求自我的永无止境的过程。苏格拉底式的教师一贯反对作学生的最大供求者；教师要把学生的注意力从教师身上转移到学生的自身，而教师本人则退居暗示的地位。师生之间只存在善意的论战关系，而没有屈从依赖的关系。教师有自知之明，并要求学生分清上帝和世人。”①

在苏格拉底式教育中，学生的敬畏心情表现在精神的无限性上。在这无限的精神内，每个人要负起超越自身存在的责任。教育要唤醒人的潜在的本质，逐渐认识自我，探索知识，完善道德。

---

①［德］卡尔·雅斯贝尔斯：《什么是教育》，第8页。

因此，真正的爱，不是孩子跌倒时我们上前搀扶的手臂，而是他自行爬起来后我们赞许的笑脸。关心则乱，管束成牢。孩子遭遇挫折时，作为家长和老师，我们首先要坚强。真正的爱，不是制造各种感动来换取心服口服的俯首帖耳，而应该是基于尊重的理解、基于了解的同情、基于理性的关注，是给孩子在成长路上以必要的支持和帮助，而不是代替孩子去成长，更不是去设置孩子的成长。

教师对于学生的爱，是一种特别的爱。这种爱的前提是尊重，纽带是了解，目的是分离，其性质与父母对子女的爱有相同之处，这两种爱的目的都是分离与给予。我爱你，希望你能羽翼渐丰；我爱你，希望你能越飞越高；我爱你，希望你能独对风雨；我爱你，希望你能自由驰骋。这样的爱，诉诸的是理性、是祝愿。

二、成长与幸福：共享的目标与追求

成长是生命内在的需求，也是教育的终极目标。成长不是孩子自己的事情，每一个教育的参与者，都应该是一个不断成长者。成长是一个人一生的必修课。孔子曾说："吾十有五而志于学，三十而立，四十而不惑，五十而知天命，六十而耳顺，七十而从心所欲，不逾矩。"[①] 这是自述其生命成长与人格完成的漫长之路，是圣人重视精神修养，提升生命境界的表现。

教与学都是学校环境下生命存在的一种方式，教师与学生是教育活动中的统一体，他们都生活在教育的"生命场"中，要想获得各自生命

① 杨伯峻译注：《论语译注·为政》，中华书局1980年版，第12页。

的全面而和谐、自由而充分、独特而创新的发展，必须依赖教育活动中两个生命主体间的交往和互动、理解和支持。师生平等的对话交流，体现出学生与教师共同的生命尊严，这样才能使得教与学成为师生彼此都变得更加美好的生命存在形式。共享生命成长是我们追求的目标。

对于每一个学生来说，成长的意义在于不断地实现心中的目标，不断地促进自我的发展，不断向更好、更强、更成熟的方向靠近。对于老师来说，成长的意义在于不断从中获得新的发现，由此带动自己的专业发展，个人价值得以不断提升。教师与学生行进在成长的道路上，不断拔节向上，这就是教育的成功。学生的成长过程，是一个慢慢学会认识自己，也认识他人的过程。在这一过程中，要学会接受自己和他人的不完美，同时学会与自己个性、观点不同的人和平相处，懂得欣赏差异，能为他人的喜乐而欢呼；当然还要不断发展自己的潜力与天赋，在爱心、品德、学识、技艺上求进步，获得身心的健康。成长的心灵是饱满、强大、丰盈的，它不脆弱、不僵化、不单调。教育就是唤醒学生的潜力，使学生在探索中寻求自我的永无止境的过程。

教师也是教育的中心，他以阳光来播撒阳光，以爱来守护爱，以智慧来引领智慧。有好的教师，才可能有好的教育，才会有良善而意义丰富的学校教育生活；孩子们才有可能形成仁慈、公平的情感，良好的性格，健全的人格；才有机会锻炼孩子们关心与合作，想象与创造，批判以及作出正确决定的能力。只有从基础教育中走出一批批这样的学生，我们才真正拥有一个可持续发展进步的社会。其实，学生成长的每一个环节，都是教育可为的领域，也是教师专业发展可为的广阔空间。所谓的教师成长，就是在这一空间内不断发现新的生长点，从而有所开拓、有所建树。教师的专业发展、职业幸福都需要学校优质文化的引领，需要学校对于教师专业发展的高度关注，需要学校将发展的平台搭建起来或者交给老师自主搭建，这当然需要营造出宽松、民主、创新的氛围。

优秀教师的成长是一个复杂的话题。老师要想说出让学生感悟的话，做出让学生感动的事，并非一朝一夕之功。这就意味着教师要有为学生的生活做指导与呵护的情怀、智慧、责任与勇气。这其中也包含了教师自己的职业道德意识和道德判断。教育不等于考试和成绩，也不仅仅是训练和教学，而是为学生探寻有意义的人生做准备、做演练。

因此，共享生命成长的追求，是使在这个共同体中的个体实现人生的幸福。所谓幸福，是快乐和意义的结合。如果我们对所从事的事业感到快乐，同时这又是有意义的、有价值的，那么这样的人生就是幸福的人生。成长与幸福，是我们“共享”的目标与追求。

延伸阅读

开花的欧石楠

当地球还很年轻的时候，树和植物就定居下来了，他们心满意足。百合花为她白色的花朵而高兴，玫瑰为她红色的花朵而喜悦，紫罗兰是愉快的，虽然她羞怯地把自己藏起来，但总有人会找到她，赞美她的芳香。雏菊是最幸福的花朵，因为世界上每一位孩子都爱她。

树和植物都为自己选择了一个家。橡树说：“我要住在辽阔的田野上，靠近道路旁，旅行者可以坐在我的树荫下休息。”百合花说：“我愿意住在水塘里。”雏菊说：“我愿意住在阳光灿烂的田野上。”紫罗兰说：“我的芬芳会从长满苔藓的石头旁溢出。”每一种植物都为自己挑选了家。

然而有一颗小小的植物，既没有紫罗兰的芬芳，也不像雏菊那样被孩子喜爱。她不能开花，她太害羞不敢提出任何要求。“但愿有人乐意看见我。”她想。

一天，她听见大山说：“亲爱的植物们，你们愿意来到我的岩石上，用美丽的颜色覆盖它们吗？它们冬天冷得瑟瑟发抖，夏天被太阳烤得滚烫，难道你们不愿意保护它们吗？”

“我不能离开池塘。”水中的百合花喊道。

“我不能离开苔藓。”紫罗兰说道。

“我不能离开绿色田野。”雏菊拒绝道。

小小的欧石楠激动得颤抖起来，“如果雄伟的大山能让我去，那该有多好。”她想到。最后她柔声地说：“亲爱的大山，你能让我去吗？我不像她们那样能开花，但我会努力为你阻挡寒风和烈日。”

“你来吧！”大山叫道，“如果你能来我会非常高兴的。”

很快，欧石楠用她的绿色铺满了多石的山脉。大山得意地对其他植物说：“瞧！我的小小欧石楠是多么美丽啊！”其他植物回答：“是的，她明朗又鲜绿，可惜她不会开花。”

就在第二天，小小欧石楠突然长出许许多多花朵，从那时起她一直开放到今天。①

① ［美］托灵·M·芬瑟：《学校是一段旅程》，吴蓓译，中国青年出版社 2015 年版，第 39～40 页。

第四章

愿景、使命与价值观

站在文化的高度思考教育，站在教育的高度思考教学。

在我心目中，理想的学校应该是：

——致力于核心价值观的引领。学校核心价值观的确立，是一所学校可持续发展的精神动力。

——确立道德领导的核心地位。首先是要在学校形成道德风尚，其次要强调校长的人格力量，第三要强调以尊重、对话、倾听等为主要形式的工作方式。

——学校文化建设要充分体现教育的价值追求。文化是学校的灵魂，有信仰的校园一定会有这样的特质：在这里，因为有自由，所以思想活跃；因为有民主，所以积极参与；因为有倾听，所以善于表达；因为有宽容，所以敢于挑战；因为有责任，所以乐于奉献；因为有真诚，所以产生信任；因为有原则，所以规范有序；因为有信仰，所以缔造栋梁；因为有尊重，所以共享成长。

以价值观为核心的学校文化，是一所学校可持续发展的内在精神动力，也是其思考生命和教育意义的体现。文化是学校的灵魂，信仰是教育的核心，成长是教育的目标。我们致力于做有信仰的教育，让教育共同体在这个过程中共享生命成长的盛宴。

一、核心价值观

养心育德，养根育能，共享生命成长。

教育的根本在于立德树人。养心育德是致力于学生人格品质和学习品质的培养，养根育能是构筑学生长远发展的根基，并培养其解决实际问题的能力。共享生命成长是我们一切教育事业的出发点和基本的价值判断标准。

（一）养心育德，养根育能

我们深信学生的成长不是一种模式，未来的发展也不会是一条道路，因此我们以最大的努力，实现对生命崇高的珍爱和对学生个性的尊重。同时我们深信，尽管生命个体丰富多彩，发展道路各不相同，但构筑未来发展的基础却具备共性：心、德、根、能。其中，心与德，是人格的灵魂；根与能，是成长的能力。人格和成长、品德和能力构筑了基础教育的关键方面。

1. 养心育德

我们倡导养心育德，打牢学生成长的人格之基。

心是人格之灵，心有多宽，路就有多宽。一个人必须通过修炼自己的内心来实现与天地万物的交互映照。内心灰暗则无法体会天地万物之美，也难以感发意志，更谈不上抒写人生的壮志豪情。因此，我们必须通过课程、课堂、教学、教研等全方位的改革与探索，照亮学生的内心世界，涵养学生的精神生活。

德是人格之魂，厚德载物，以德御才，人生方能走得长远。德者，得也。把普世的德身体力行就是一个人成长的过程。孔子曰："志于道，据于德，依于仁，游于艺。"这是孔子教育的四个维度。"道若江河，随地可成洙泗。"我们需要把教育之道一以贯之，把人生之德绝知躬行。德，有普世的德，比如自由、平等、公正、法治、富强、民主、文明、诚信、友善等；也有具备中华民族特色的德，比如礼、义、廉、耻、孝、悌、忠、信、和谐、爱国、敬业、中华民族伟大复兴的使命感和责任感等。这需要我们在立德树人的过程中学贯中西、汇通古今，把中西方优秀文明比照融合，赋予学生厚实的人格基础，方能成就栋梁之才。

2. 养根育能

我们倡导养根育能，塑造学生成长的能力之本。

根是成长之基，根深方能蒂固。学生成长好比一棵大树，根系一方面是指宽实的人格基础、优秀的品德修养；另一方面是指学校所赋予学生的软硬件环境，包括师生之间、生生之间的关系，也包括校舍、课堂、课程、教学方法等，这些是学校提供教育的根本。通过改善和优化学生学习、生活的软硬件环境，我们力图激发学生主动学习的意识，从尊重差异的角度出发，倡导个性化教育。同时，通过家委会、家长课堂、社会讲堂、社会实践等形式，使家长的教育理念与学校保持一致，使社会资源能够为学生成长助力，打造自我—家庭—学校—社会四位一体的和谐成长空间。

能是成长之本，有能方可立身。能是获得幸福人生之根本。学生成长的外显是能力的提升。这种能力表现为品德修养、责任担当、审美情趣、人文情怀、学习创新和健康生活的综合体系。在基础教育阶段，我们赋予学生的不仅仅是知识的获取和学习成绩的提升，更重要的是一种终身学习、持续学习、主动学习的习惯和能力。使学生获得安身立命的基本，成为一名身心健康、品德高尚、情趣高雅、综合能力突出的合格的社会公民，为学生的一生幸福奠基。

（二）共享生命成长

1. 共享是一种态度

共享是一种态度，表现为对人、对世界万物的一种情感、一种行为方式，它体现的是对生命成长规律的敬畏与尊重。在物质生活极大丰富的时代，我们同样需要拓宽学生、教师和家长的精神世界，走出小我，学会关怀，共享生命成长。唯有把共享作为人类的一种存在方式，在人我之间、人物之间形成一种基于关怀与尊重的共享态度，方能实现整体的可持续发展。

2. 共享是一种关系

共享是一种关系，让人与他人、社会、自然形成和谐共处的关系。“共享生命成长”主张在学生、教师、家长以及学校和社会的维度上共享、共有、共生、共进。这一关系的含义首先是让每一个生命都有尊严。有尊严的生命注重内在品格的完善、自我精神的完满。在自我完善的基础上，个体就会把这种品格向外辐射，希望与他人、社会乃至与世界万物都形成一种美好的关系。

3. 共享是一种尊重

共享是一种尊重，在学生成长的过程中，核心是尊重：尊重学生的个性，尊重生命成长的规律，当然也包括教育共同场域中对彼此的尊重。在中华传统文化中，“己所不欲，勿施于人”“己欲立而立人，己欲达而达人”等观点，既是“尊重”的主张，也是“尊重”的方法。“仁者爱人”——如果我们像儒家学说所提倡的君子那样自爱、自尊、自重，我们就有可能把这样的态度和情感扩展到他人身上，这是对他人的尊重。而“天人合一”的精神，则是把尊重和关怀扩展到了人与自然、人与世界万物的关系中。共享是一种尊重，体现了对生命内在规律性的深刻理解，它强调教育者首先要懂得人，才能理解和尊重人。在教育的生命场中，要想使各自生命全面而和谐、自由而充分、独特而创新地发展，必须依赖教育活动中多个生命主体间的交往和互动、理解和支持。生命是一个生生不息的流动过程，因此，我们应从理解和尊重生命的角度出发，让教育的生命场成为生命成长最美好的场域。

4. 共享是一种回归

共享是一种回归，它倡导回归教育的本质，指导教育共同场域的主体更加真实而全面地认识自己，回归生命的本真。很多时候，功利主义的导向不仅使人与人之间被异化为利用与被利用的关系，而且让人在对待自己时，只关注世俗化的功利，而忘记了人生本来的意义。功利化的教育，只把掌握知识当作目的，却忽略了知识本身具有的智慧、乐趣、价值观，学习也因此被异化了。“共享生命成长”倡导回归教育本质，回归生命本真，在教育共同体的场域中共享成长的乐趣，体会生命的尊严，探求教育的意义，实现生存的价值。

二、我们的使命——做有信仰的教育

教育需要信仰，没有信仰就不能称其教育，而只是一种教学技术而已。教育是一项需要信仰的事业，教育者们首先应成为具有教育信仰的人。教育的信仰具有知、情、行三个层面的含义。所谓知，指的是信仰者对信仰具有清晰的认识；所谓情，指的是信仰者对信仰对象具有积极的情感体验；所谓行，指的是信仰者对信仰对象深信不疑，不仅能接受其理念，还能将这种理念转化为行动。

（一）信仰是学校教育工作的价值标杆

教育是一项价值活动，信仰首先体现为价值选择。信仰不同的人，对教育有着不同的理解，教育的价值观就会不同，由此而导致的实践层面的教育就会有不同的表现形态。因此，我们坚持做有信仰的教育：深信教育改变未来，深信教育在共享生命成长的过程中为学生、教师乃至家长的幸福人生奠基。由此，我们构筑了一切工作的基本价值标杆。

（二）信仰是学校教育工作的一面旗帜

信仰为教育工作指明方向，教育工作者要自觉地在信仰的指引下开展工作，向着一个明确的方向努力。在学校里，教师的工作具有相对的自主性、独立性特征，可以说一名教师就是一所学校。教师上课是人对人的活动，如果没有信仰的引领，学校的育人工作就会“碎片化”，甚至误入歧途，不可能达成预期目标。信仰是凝聚大家的一面旗帜，在它的引领下，分散的教育力量就可以集结起来，担负育人工作的相关者们就可以前后一致、首尾相顾地朝着共同的目标而努力。

（三）信仰能够为教育者提供工作的动力

信仰表现为一个人拥有的内在精神动力。这种动力具有明显的方向性、目的性和指导性，它可以弥补物质动力的不足。教育工作具有艰难性、复杂性等特点，拥有信仰才能让教育工作者充满激情、勇气和毅力。拥有教育信仰的人，能够把教育作为事业，全力创造教育辉煌；能够把教育作为科学，潜心探索教育规律；能够把教育作为艺术，不断激发教育灵感。

三、我们的愿景

致力于改变未来的教育，以推动中国基础教育发展为己任，做最受人尊重的基础教育集团。

我们坚信：教育未必左右现在，但一定可以改变未来。我们自觉构建并积极践行教育信仰。

（一）践行教育信仰

教育工作者要完成教育任务，实现教育目标，促进受教育者全面而富有个性的发展，首先必须自觉建构信仰，完善自己的价值体系，树立坚定的职业信念，把育人为本、促进人的发展作为教育的根本目的去追求。这既是教育职业的要求，也是教育工作者走向专业成熟的重要标志。

教育工作者的教育信仰来自他们对教育工作的认识，是其在投身教育的过程中不断感悟、发现、选择、升华而逐渐形成的。一个人的教育信仰既可能来自理论的启发，也可能来自实践的感悟，但教育信仰的最终形成，是教育认识与教育实践不断互动的产物。教育工作者应当在践行教育信仰的过程中，及时根据教育科学的认识成果和教育活动的实践结果检验自己教育信仰的正确性、合理性，并通过积极的总结反思，不断修正、充实、丰富自己的信仰体系，坚定自己的教育信念。

（二）推动教育进步

教育是面向未来的事业，基础教育是其中的重要环节。可以说，一个人品格塑造、习惯养成、情趣培养等影响终身的素质都是在基础教育阶段打下的。我们牢固树立“做有信仰的教育”的使命，坚信教育改变未来，并通过自己不懈的努力，以推动中国基础教育发展为己任，通过科学研究、教学创新、体制探索，提升基础教育教学质量、科研和管理的水平和能力，成为中国基础教育的标杆单位。

集团化运作是适应现代化基础教育发展的需要、更好地输出教育理念和管理经验、推动基础教育进步的战略举措。在集团化运作的过程中，我们坚持义务教育的基础地位，坚持山东大学的主导地位，坚持非营利导向，坚持办学质量优先，不以营利为目的，不以追求速度而牺牲教育质量，做最受人尊重的基础教育集团。这需要我们实现：

第一，有思想和信仰。教育不是传声筒，在基础教育的教学方面，秉持教学与科研双向驱动，以科研促进教学，以教学带动科研。教学过程中体现集团教师的育人思想、科研能力和教育信仰。

第二，有情怀和视野。教育是面向现代化，面向世界，面向未来的事业。在教育过程中，我们贯彻山东大学“为天下储人才，为国家图富强”的办学宗旨，以国际化的视野，立足中华民族优秀传统文化，引领学生在共享生命成长的过程中，努力成为学贯中西、汇通古今的栋梁之才。

第三，有创新和特色。尊重生命的个性和特色，在孩子的培养过程中杜绝千篇一律、满堂灌等陈旧的方式，创新教育理念和教学方法，形成山东山大基础教育集团的特色。通过教育理念、教学方法和教育管理的输出，在中国基础教育领域发挥旗帜性引领的作用。

第四，有努力和坚守。十年树木，百年树人。教育不能立竿见影，也不能一蹴而就，必须努力和坚持，耐心地陪伴孩子成长。同时，在共享生命成长的过程中，体现我们的专业和职业，以我们的努力和坚守，为孩子铸就人生幸福之基。

我们坚信，通过不懈的努力，坚持做有信仰的教育，我们一定可以改变未来，推进中国基础教育事业的发展，成为最受人尊重的基础教育集团。

延伸阅读

习近平论信仰信念的价值

★理想信念是精神上的“钙”

坚定理想信念，坚守共产党人精神追求，始终是共产党人安身立命的根本。对马克思主义的信仰，对社会主义和共产主义的信念，是共产党人的政治灵魂，是共产党人经受住任何考验的精神支柱。形象地说，理想信念就是共产党人精神上的“钙”，没有理想信念，理想信念不坚定，精神上就会“缺钙”，就会得“软骨病”。

——2012 年 11 月 17 日，中央政治局第一次集体学习时的讲话

★人民有信仰，民族有希望

人民有信仰，民族有希望，国家有力量。实现中华民族伟大复兴的中国梦，物质财富要极大丰富，精神财富也要极大丰富。我们要继续锲而不舍、一以贯之抓好社会主义精神文明建设，为全国各族人民不断前进提供坚强的思想保证、强大的精神力量、丰润的道德滋养。

——2015 年 2 月 28 日，会见第四届全国文明城市、文明村镇、文明单位和未成年人思想道德建设工作先进代表时的讲话

★心中有信仰，脚下有力量

长征胜利启示我们：心中有信仰，脚下有力量；没有牢不可破的理想信念，没有崇高理想信念的有力支撑，要取得长征胜利是不可想象的。

——2016 年 10 月 21 日，在纪念红军长征胜利 80 周年大会上的讲话

第二篇 学生篇

第五章
问题导向与真实性学习

课程理念：让学生发生真实性学习，只有学生产生的问题才是课堂上需要解决的真问题。

原则：基于学生兴趣、适应学生需求、开发学生潜能、促进学生发展。

目标：让学生享受课程，让课程成就学生。

课程的理想状态：学分管理，无年级，分层、分类实施；教师指导，学生自选。

雅斯贝尔斯说过："全部教育的关键在于选择完美的教育内容和尽可能使学生之'思'不误入歧途，而是导向事物的本源。"① 教育活动关注的是如何将人的潜力最大限度地调动起来并加以实现。通过教育，可以使具有天资的人自己选择决定成为什么样的人并自己把握未来。因此，

① [德] 卡尔·雅斯贝尔斯，《什么是教育》，第4页。

教师应善于发现和发展学生的潜能。真正的教育就是让学生在人格、智慧、能力等方面不断得到提升。如果在教育中只把掌握知识当作目的，却忽略了知识本身具有的内涵，如智慧、乐趣、价值观等，这样的学习就是异化了的学习。老师必须立足于学生学习中遇见的“真问题”——只有学生产生的问题才是课堂上需要解决的真问题，教师应引导学生发生真实性的学习。

一、来源：建构主义学习观

知识不是对现实纯粹客观的反映，任何一种传载知识的符号系统也不是绝对真实的表征。知识只不过是人们对客观世界的一种解释、假设，不是问题的最终答案。它是人们试图认知世界、认知自己的一种尝试，它必将随着人们认识程度的深入而不断变革、升华和改写，出现新的解释和假设。

知识并不能绝对准确无误地概括世界的法则，也不能提供对任何活动或问题都适用的方法。在解决具体的问题时，知识是不可能一用就准，一用就灵的，而是需要针对具体问题的情境进行知识迁移，对原有知识进行再加工和再创造。

知识不可能以实体的形式存在于个体之外，尽管通过语言，知识被赋予了一定的外在形式，并且获得了较为普遍的认可，但这并不意味着学习者对这种抽象化的知识表述有同样的理解。

正因为知识的以上三种特性，知识的真正理解只能由学习者基于自身的经验背景建构起来，这种建构取决于特定情境下的学习活动过程。

脱离了自身的体验或是特定情境，就不叫理解，而是死记硬背或生吞活剥，是被动的、复制式的学习。

以建构主义的观点来反思我们的教育，课本知识只是一种关于某种现象的较为可靠的解释或假设，并不是解释现实世界的绝对参照。某一社会发展阶段的科学知识固然包含真理，但并不意味着这就是终极答案。随着社会的发展，肯定还会有更真实的解释。更为重要的是，任何知识在被个体接受之前，对个体来说是没有什么意义的，也无权威性可言。因此，教学不能把知识作为预先决定了的东西教给学生，不要以我们对知识的理解方式作为让学生接受的理由，用社会性的权威去压服学生。学生对知识的接受只能由他们自己来建构完成，以他们自己的经验为背景来分析知识的合理性。在学习过程中，学生不仅理解新知识，而且对新知识进行分析、检验和批判。

学习不是教师把知识简单地传递给学生，而是由学生去建构属于自己的知识体系。学生不应被动机械地接收信息，而是要主动地探索知识的意义，厘清各类知识的内在逻辑。这种建构是无法由他人来代替完成的。

二、方法：远离灌输式陷阱

灌输式教育的存在有以下几个方面的原因。从课程设置上看，一方面，课程是由专家编制的，教师只是实施者，只要把专家的意图执行下去即可；另一方面，必修课程比重过大，给学生选择的空间远远不足。从教学方式上看，教师的讲授占据主流地位，学生只是被动的接受者；

即便那些在课堂上运用了小组合作、辩论方法的教学，也没有改变学生接受式学习的本性。从学习结果上看，学生们获得的是知识体系，无数的知识点被记住了，也形成了“体系”；但是，遇到生活中需要解决的真实问题时，却又束手无策、一筹莫展。从考试制度上看，重要的中考、高考就在前方，学习、教学、课程都被考试束缚住，灌输似乎是最快捷的方法。我们批判灌输，就在于它违背了建构主义的学习本性。无论是对学习的目的、方法，还是对学习的过程、结果来说，灌输都是错误的。虽然从理论上弄明白灌输教育存在的问题并不难，但是，真要实施无灌输的教育，其难度就大了。因为灌输作为一种观念，已经如此根深蒂固地潜藏在我们的文化之中，以至于转化为了教师们的无意识，这是最可怕的。

远离灌输式教育，教师首先应树立“教师即课程”的理念，并基于对国家课程的大胆改造，努力实现国家课程的校本化。特别是要改变必修课程比重过大、形式过于单一的课程结构，增加选修课，开发校本课程，打造丰富多样的课程类型，尽可能促进学习方式的多样化，把真实而丰富的学习过程尽可能多地还给孩子们。在此方面，山大附中开发了大量课程，让学生自主选择、主动经历。秉承“基于学生兴趣，适应学生需求，开发学生潜能，促进学生发展”的课程理念，通过这些特色课程让学生享受课程、让课程成就学生。具体的校本课程包括：德育活动课程、学科拓展课程、衔接教育课程、国际交流活动课程、家校合作课程、创新实验课程、选修课程七大模块，形成交叉融合、互相渗透、相辅相成的课程结构体系。

选修课由老师们根据学生的需要和自己的专长来开设。分为人文社科类、自然科学类、科技创新类、学科拓展类、艺术修养类、生活实践类、运动拓展类等7大门类，共计60多门。其中包括：京剧社传承国粹；聚落与民居，贴近民俗文化；小水滴工作室，艺术家的摇篮；我爱烘培，感受美食文化；手工作坊，让孩子心灵手巧；探索与飞翔，帮助孩子实现科学梦想；走进考古，感受文明等。

这些选修课对孩子来说充满魅力。有位参加考古选修的同学说："学校的选修课让我眼花缭乱，我从没想过还会有考古课，我并不想成为一名考古学者，我只是单纯喜欢，喜欢考古那种说不出的、很朦胧的沧桑之美。"选修课成了孩子们最快乐的时光。

以学生为主体，学校成立各种有益的社团组织，让志同道合又有相关知识储备的学生聚在一起，在团队活动中增进感情、培养兴趣、提高知识技能和综合素质。学生社团由学生自建自办，学校会安排指导老师对社团运作提供必要的帮助，并形成常规的社团活动时间，通过年度社团文化节等形式让学生们尽情展现自己的风采。

学校鼓励老师积极地参与学校的科研和管理，培养他们的主人翁意识。比如，实施"基于问题解决"的课题负责制，开展小课题研究。课题成果转化实施"项目负责制"，引导教师彼此合作，相互支持，将研究成果转化为教育教学实践。

三、灵魂：问题为先

让学生发生真实性学习，需要基于学生的问题而产生，这就首先需要学生有批判和质疑的精神。同时，在解决问题的过程中，除了教师的引导之外，还应该着重发挥学生自身的探究能力和合作解决问题的能力。自主学习一般以个体形式进行，只有遇到独自难以解决的问题时，才需要教师的帮助；探究学习中，教师主要扮演研究者和指导者的角色。合作学习是以小组形式展开的，教师要集多种角色于一身，既要成为学生学习的组织者、指导者、帮助者和促进者，还要担当学习活动的决策者、参与者和仲裁者。这些学习形式在现实生活中交替出现，形成深度学习。

（一）质疑式学习

问题是学习的核心。爱因斯坦认为，提出一个问题比解决一个问题更重要，因为有问题，才会有思考，有了思考才有可能找到解决问题的方法和途径。只有学生产生的问题才是课堂上需要解决的真问题——我们要加强对学生问题的研究，探讨什么样的问题可以促使学生发生真实性的学习？如何提升学生的质疑能力与批判性思维？如何提高学生独立思考与自主学习的能力？怎样的方式才能实现课堂的平等对话？

质疑式教学是引发学生独立思考的有效方式。所谓质疑式教学，就是引导学生自主进行课前预习，通过阅读文本和探究活动，由学生提出困惑或有价值的问题，并通过小组合作交流、班内质疑提问，师生共同解决疑惑，最终使学生体会到成功的喜悦的一种教学方式。教师从“问题指向，问题成因，释疑策略”三个方面设计“问案”，在使用中不断修改，形成了完善的“问案库”，使得“以问题为主线”的课堂教学更加有效。

数学学科形成了“以学生为主体，以问题为主线，以质疑为特征”的课堂教学方式。学生在课堂上会提出许多有价值、有深度的问题，比如：在刚开始学习几何内容时，学生提出“公理为什么不用证明”；在学习勾股定理时，学生提出：“满足 a 方加 b 方等于 c 方的三条边组成的三角形是直角三角形吗?”学生提出的问题恰恰是下节课要学习的内容。

（二）合作学习

在《让合作学习的价值最大化》一文中，陕西省潼关县潼关中学教师王丽娜介绍了自己使用过的合作学习组织形态，比如核裂变式组织形态。这种组织形态是一个学生有两个“徒弟”，教师给一个学生分配任务或辅导后，这个学生又负责两个学生的学习，两个学生再各负责另外两个学生的学习，依此类推，可以覆盖整个班级和年级……这样的学习组织形态在一定程度上利用学生的差异促进学习，激发学习兴趣。[①] 学校的合作学习也同样采取与之类似的多种形式，这些合作体现在学生之间、兴趣小组之间、教师之间，目前已基本形成多层次、多维度的合作学习小组。

在合作学习的课堂中，倾听远远比我们想象得更加重要。倾听不仅是一种美德，更是一种技能，需要通过训练培养学生的这一技能。当然，需要拥有这种倾听意识和技能的不仅是学生，还有教师。教师若不善于倾听，就不可能准确地捕捉到学生的学情。因此，倾听才能促进交流，交流才能真正实现真实性学习。

（三）深度学习

在质疑式教学和合作学习的过程中，学生更容易在课堂中实现深度

① 参见王丽娜：《让合作学习的价值最大化》，《中国教师报》2016 年 12 月 28 日第 5 版。

学习。深度学习是与浅层学习相对而言的概念。浅层学习是机械的、接受式的，以记忆和复制为特征，是不求甚解的学习；深度学习则是主动的、有意义的，注重理解，以反思性、批判性思维能力培养为目标。深度学习有利于知识的迁移和应用，能提升学生在解决问题过程中的创新能力。深度学习是一种基于理解的学习，学习者以高级思维的发展和实际问题的解决为目标，以整合的知识为内容，积极主动、批判性地学习新的知识和思想，并将它们融入原有的认知结构，且能将已有的知识迁移到新的情境中去。能够真正实现学生深度学习的好课堂，应该用自主学习的成就感吸引学生，用合作学习的丰富体验吸引学生，用探究学习的神秘感吸引学生，用“不会”到“会”的成功体验激励学生。总之，要用精彩的知识吸引学生，用学习的本真迷住学生，让学生沉浸在生命成长的幸福感中。

第六章

兴趣培养

许多孩子在成长过程中能够比较明显地展现出自己的天赋，其征兆就是兴趣，这种情况下以兴趣为动力和导向的自主学习便有了实现条件。学生如果一直处于“被规划、被成长”的状况，他们往往会产生隔膜心理，甚至有可能拒绝接受这样的教育。因为缺少主体的主动参与，很多看起来非常精致的教学也会产生负面效应。一个人未来发展最关键的是有没有自主学习的能力，因此，我们的教学活动必须围绕这个需要而展开。

学校课程的设计与开发遵循“基于学生兴趣，适应学生需求，开发学生潜能，促进学生发展”的原则，以期达到“让学生享受课程，让课程成就学生”的目的。

一、我的学习我做主

学生对学习有浓厚的兴趣，按照自己的兴趣来安排自己的学习，这才容易养成终身学习的习惯，由此取得生活和事业的丰收。而基于兴趣的终身学习能力应该在中学阶段就打下基础，学校应该为培养这样的能力创造条件。

学校在课程的设置上提供多样化的空间。除了开设选修课之外，还进行了分层教学的尝试。基于“尊重学生、尊重差异、发展特长”的理念，学校进行了“分层走班、自主选择”的改革。比如理综学科，为三个学段、两个层次的班同时学习：第一阶段是基础性学习（全员必修），第二阶段是拓展性学习（全员必选），第三阶段是选择性学习（分层选择）。选择的依据是学业水平测试结果，学生自愿选择下一步是进行基础巩固还是进行拓展探究，最后以双基达标测评成绩和研究性学习成果展示作为效果评价。

这些年来，学校以国家课程的校本化与校本课程的开发为依托，努力让课程具有更多的选择性，以适应学生的成长需求。学校希望达到一种集学分管理、无年级差别、分类实施、教师指导和学生自选相结合于一体的新型课程模式，让学生根据自己的兴趣和能力得到知识的提升和人格的养成。

学校依托山东大学资源，通过大师讲堂拓展学生的学习视野、激发学生的读书兴趣。高水平、宽视野、有深度的名家系列学术讲座，提升了学生人文和科技素养，塑造了学生人格，营造了良好的校园文化氛围。远大的理想、不懈的追求、探索创新的精神和持之以恒的学习习惯是学生从大师们的成长轨迹中得到的激励和启迪。

二、兴趣是最好的老师

我们致力于做有信仰的教育，力图使学校共同场域中的每个生命体都在共享生命成长的过程中实现个人的人生幸福。那么，幸福是什么？我们认为幸福是快乐与意义的结合。由此，幸福向内求，而不是靠外部赐予。因此，在教育的过程中，让学生陶冶情操、修炼身心，以健全的人格、健康的体魄、高尚的灵魂、智慧的大脑，去迎接社会的检验、拥抱生活的洗礼、追求个人的幸福。同时，幸福一定与个人在社会中所承担的角色、在履行角色时所承担的责任和发挥的作用息息相关。哈佛大学曾经做过一个后来广为人知的调查，对象是一群智力、学历、环境都差不多的年轻人。其中，3% 的人有清晰且长期的目标，10% 的人有清晰的短期目标，60% 的人有较模糊的目标，27% 的人没有目标。跟踪调查 25 年之后，3% 的人几乎都成为社会各界顶尖的成功人士，他们当中不乏成功的创业者、行业领袖和社会精英；10% 的人都成为各行业不可或缺的专业人士；60% 的人没有取得特别的成绩，但都能安稳的工作与生活；27% 的人则生活在社会的底层，他们生活过得很不如意，并且在不断地抱怨他人、抱怨社会、抱怨世界。

这个目标对人生影响的调查引发了我们思索：是什么原因让一个人 25 年不曾更改过自己的人生目标？在常人眼里苦行僧般的生活，为何他能够坚持下来？我们认为，一定是因为他对自己所从事的事业满怀激情与热爱，而这种激情与热爱一定萌生于兴趣。因此，激发学生的兴趣，不仅仅是为了学好某门课程，而且是对将来所从事的事业，进而为幸福人生奠基的关键。由此，学校在教育实践中通过选修课、质疑式教学、分层教学、兴趣团体等形式，去引导和激发学生的兴趣。我们希望学生以好奇心激发学习兴趣，教师以教育信仰激发职业热爱，从而共享生命成长。

学校实践

我们的课程让孩子经历过程：

生物课本上第一章内容是《绿色开花植物的一生》，可是对于生在城市、长在城市的学生来说，头脑中缺乏实际的认识和感受。为了弥补教材在这一方面的缺陷，学科老师在每年暑假前给初二学生布置特别的暑假作业——聆听花开的声音（植物培育大赛实施方案），让学生自己种植一棵植物，用心照料它成长，经历绿色开花植物生长的全过程，使生活经验和理论知识紧密结合在一起。

为了使学生感悟科学的魅力，理综学科开设了系列科学创新实验课程。许多学生还取得了可喜的成绩。比如：运用塑造和减退技术，训练仓鼠识别汉字的能力；可控、可见、节能的自动鱼缸喂食器获山东省第四届初中学生创新实验大赛一等奖。

我们每年都根据学生的个人需求组织海外研学活动。目前，我们已经与拥有不同地域文化的八个国家的十所学校建立了友好关系。通过这样的活动，学生收获的不仅仅是知识，更是一种跨文化的视野与意识。07 级的李瑾同学在赴澳洲研学后，深有感触地说："通过这一次外出游学，我感受和了解到了很多有别于我们的文化，尤其是学习方式的不同。

比如，他们在学校里研究鸟类和它们的栖息地，因为学校就是建立在自然环境里的。将来我也愿意致力于我们国家学习方式的改变。”

我们在教学中不断渗透人文情怀的润泽，让孩子们更多地关注小我之外更广大的世界。以语文学科为例，语文教研组的老师们开展了以建构《文化视野大课堂》为专题的课题研究。

依据《语文课程标准》：语文是最重要的交际工具，是人类文化的重要组成部分。工具性与人文性的统一，是语文课程的基本特点。我们认为文化是语文课的内核、源泉和母体。在实践与研究中，我们确定了文化视野大课堂的内涵：以汉语文化为背景，把语文课堂打造成一个足够广阔和自由的文化空间，通过言语实践活动培养学生独立的价值追求与文化意识，以母语内在的文化内涵为学生打造精神的底子，建构学生的文化生命。我们的语文课堂理念是：用文化抹亮学生生命的底色，以文化奠基学生精彩的发展。这样的课堂具有以下四个特征：一是文化渗透，深度涵养心灵；二是教学相长的文化共生与共进；三是教学方式的有机灵动；四是动态、多向、互动的文化建构。我们追求做这样的语文老师：精深的专业知识、深厚的理论功底、开阔的人文视野。我们坚持这样的语文观：对孩子进行抵达心灵的教育。我们追求培养这样的学生：具有丰富美好的内心世界，较高的文化修养与品位，快乐、宽容、合作，有个性善思索，具备创新的思维，同样具备批判精神的独特个体。我们追求这样的语文课堂：以“立言”来“立人”的文化视野课堂。

第七章

体验式学习

经历即成长。我们反对把孩子们封闭在狭窄的教室里，主张开放办学，学生只有在与他人、社会、世界万物的多维互动中，才能运用知识，磨炼心性，经历成长，感悟人生。在活动中体验，在体验中感悟，在感悟中升华，才能让生命充满张力。

英国哲学家怀特海曾说过，抛开了教科书和听课笔记，忘记了为考试背的细节，剩下的东西才有价值。周国平又做了延伸，他认为："忘记了课堂上所学的一切，剩下的才是教育。"① 知识的细节很容易被忘记，但如果需要它们，也很容易查到。因此，把精力放在记住知识的细节，既费力又无价值。假定把课堂上所学的这些东西全忘记了，结果是什么也没有剩下，那就意味着没有接受教育。那个应该剩下的可以被称为"教育"的东西，用怀特海的话说，就是完全渗透入你的身心的原理，一

① 周国平：《周国平论教育》，华东师范大学出版社2009年版，第6页。

种智力活动的习惯，一种充满学问和想象力的生活方式。用爱因斯坦的话说，就是独立思考和判断的总体能力。

按照我们的理解，通俗地说，一个人从此成了思想者、学者，不管今后从事什么职业，再也改不掉学习、思考、研究的习惯和爱好了，方可承认他受过教育。在这个过程中，我们以“经历即成长”的理念强调体验式学习。

一、经历即成长

我们力图在每个孩子心中留下一次终身难忘的活动。好的教育拒绝强迫和灌输，而是注重培养学生的独立思考能力和批判意识，也就是独立的人格和质疑的精神。鼓励质疑——从教育的意义上看，教学应该是让学生在探索中寻求自我成长的过程。也就是说，教育应该唤醒学生的潜在力量，促使他们从内部获得自我意识，并积极参与到学习过程中。雅斯贝尔斯说：“教学活动中的读、写、算的学习并不是技能的获得，而是以此参与精神生活，细心地把握其中的美，而不是外在的手的动作和理解运算。”① 也就是说，只有学生主动参与学习的过程，才能称得上真实性学习。

学生的健康成长，需要学校文化的引领，需要教师具有平等的意识与高超的对话艺术，需要课程开发的深度和广度。教育是铭刻在孩子们生命中的印迹，是他们郑重而庄严的成长。把孩子们封闭在狭窄的教室里是错误的，教育要能够引领学生把目光从窄小的教室里转移开，投向

① ［德］卡尔·雅斯贝尔斯：《什么是教育》，第 35 页。

寥廓的星空。孩子们应该接触多样的课程，走进社区，走向社会，走进广阔的大自然，把课堂学习与社会学习结合起来，在与他人、社会、世界万物多维互动的实践活动中运用知识，了解国情民生，磨炼心性，修养品格。让孩子发生真实性的学习，进而达到能力的提升、情感的升华、学习成绩的提高，给学生强大的精神力量，让学生对学校的学习和生活产生期待。在课堂上，让孩子加强与教师的互动；在自学时，让孩子对问题进行初步加工，进而进行深度思考，最后产生创新思考。这个过程能使孩子提升学习能力，培养学科情感，体会学习趣味，产生思维碰撞，形成创新习惯。

为此，我们倡导对话和实践的教学方法，让学生在与自己、与他人、与自然和世间万物的对话和感悟中体会成长。同时，我们倡导读万卷书、行万里路，集团各校通过远足、研学旅行、骑行、志愿者服务等形式，让学生有机会贴近自然、走入现实的社会，从而掌握知识、收获成长、体悟人生。经历是一笔宝贵的财富，同时也是体验式学习的基本要求。

二、体验式学习

体验，意味着学生进入到一种求知状态并使个体生命与外界进行良性互动，是一个健康成长的生命在与外界的交流中获取信息、获得成长的要素。在面对新知识时，体验中的生命能够积极做出反应，认识、思考、接纳或者质疑；在新的环境中，体验性学习还可以让学生对真实生活进行深度接触和理解。在体验中，人生的价值不断得到确证。

随着时代的变迁，学习方式也在不断地变化。相较于原来被动地接受式学习，教育界越来越重视体验式学习。其实体验式学习并非“新生事物”，它可以追溯到2000多年前的孔子和亚里士多德的时代。例如，孔子就曾指出：“不观高崖，何以知颠坠之患？不临深泉，何以知没溺之患？不观巨海，何以知风波之患？”① 亚里士多德认为，对于那些必须会做的事情来说，在能做之前，必须通过做来学习它。到了现代，教育界对体验式学习的认识也在不断深化。美国著名的进步教育哲学的代表人杜威认为，教育即经验的改造或改组，它应该以儿童的经验为基础，并以儿童的经验增长为目的，由于孩子们的经验总是具体的、现实的，而且“做”是孩子们的天性，所以他们的学习应该发生在经验的具体情境中，通过“具体去做”从经验中学习。从经验中学习也并不是单纯获得活动体验，它要求学习者要有“反思性思维”。简而言之，杜威所谓的体验式学习的内涵就是“直接经验”加“反思”。

美国著名心理学家罗杰斯认为，学习有认知学习和体验式学习两种基本类型：前者指向学术知识，比如记单词、背乘法口诀等；后者指向知识应用，比如为了修车而学习发动机原理等。同时，他将学习方式分为有意义学习和无意义学习，只有体验式才是有意义的学习。体验式学习有四个突出的特征：个性化参与，学习动机内发，学习者自我评价，对学习者产生渗透性影响。美国体验式教育学会将体验式教育定位为一种教育哲学和方法论，在这种哲学和方法论的指导下，教育者有目的地把学生置于直接经验和专业反思中，使其增长知识、发展技能和澄清价值。

美国组织心理学家库伯吸收了杜威、罗杰斯等人的合理思想，提出

① 王国轩、王秀梅译注：《孔子家语·困誓》，中华书局2009年版，第189页。

了著名的“体验式学习循环模式”，在其看来体验式学习要经历几个阶段：（1）具体体验。学习者在真实的情境中活动，获得各种知识，产生相应感悟；（2）观察反思。学习者回顾自己的经历，对体验进行分析、反思；（3）抽象的概念化。学习者把感性认识上升到理性高度，构建一种理论或模型；（4）主动检验。学习者在新的情境中对自己的理论假设进行检验。这四个环节分别代表了感知学习、反思性学习、理论学习、实验这四种最为有效的学习方式，因而体验式学习本质上是一种综合学习。遗憾的是，虽然库伯的思想在成人教育界应用广泛，但在学校教育界影响甚微，因此我们对其思想认识要进行批判的吸收。

从心理学专业的角度来看，体验式学习的优势在于更多地涉及情节记忆、情绪记忆、默会知识、实用智力以及在学习过程中的自我决定性。华东师范大学的庞维国教授认为，体验式学习可以分为认知体验式学习、情感体验式学习与行为体验式学习三类。在学校教育情景中运用体验式学习的时候，教师应该重点把握构筑和学习反思这两个核心环节。

随着课程改革的不断深入，体验式学习越来越受到各界重视，被更广泛的采纳和运用，但是体验式学习的内涵也应该随着时代发展不断地更新变化以适应发展需要。我们认为，体验式学习就是让学生在某种特定的经历当中，综合认知、情感、行为等多种形式，收获知识、增强理解，在体悟中获得成长的过程。

（一）体验式学习的价值

体验式学习有着其他学习方式不可比拟的优势。

1. 体验式学习的情节记忆更加生动深刻

现代认知心理学把人类的记忆分为两类：一是陈述性记忆，它指的是个体能够有意识地回忆因而能够清晰陈述的记忆，包括情节记忆和语义记忆；二是程序记忆，它是关于如何做事的记忆，在执行认知技能和动作技能时往往能够被自动激活和提取。在体验式的学习过程中，个体涉及的记忆与知识接受型学习是明显不同的。也就是说，体验式学习一方面比接受型学习所获得的记忆更加丰富、鲜活和全面，能够为知识提供更多提取线索，从而提升可用知识的量；另一方面，与语义记忆需要多次反复记忆相比，情节记忆本身的“一次性习得优势”使得借助体验式学习所获得某些情境性知识变得更为经济有效。比如，地理课上学习中国版图，让学生亲手画一幅中国地图，让学生在动手中体会各省市的相对位置和版图形状，这样会比老师单方向地向学生灌输各省市的位置和形状更加有效，学生记忆也会更加鲜明。再比如，生物课上讲授种子的结构与成分，让学生自己搜集多种植物的种子并分解种子，亲自试验以观察种子各部分的主要物质，这样学生们就能深刻地理解种子的结构，牢牢记住各部分的主要物质。即便到后期记忆模糊了，自己当时亲手操作的分解种子、滴入化学试剂检测主要物质的动作依旧记忆鲜明，这些都能帮助学生们回忆起所学知识，让记忆更加深刻、生动。实际上，学习的本质是在具体的情景中与他人或者事物互动能力的提高，因而应该通过多种多样的社会活动、课堂互动和社团活动来促进学习。真正完整全面的知识是从现实世界的真实情景中获得的，所以教师应该将学习者放置在真实的社会情境中进行学习，以突出教学的情境性和社会互动性，改善传统课堂教学的去情景化、抽象化的问题，真正丰富学生的学习内容和情感体验，让直接经验真正发挥作用。

2. 体验式学习能够激发学生的自主学习能力

自主学习能力指的是学生自主确定学习目标、学习进程，以及对学生评估的能力。自主学习能力主要靠后天的学习来培养、锻炼和加强。体验式学习是以学生为中心的一种学习方式，在这种学习条件下，学习的内容、形式、方法、时间、地点等更多地是由学生选择或控制。相比传统的由教师掌控的接受式学习来说，体验式学习有更强的自主性和个性化特征。体验式学习又是情景学习的一种，虽然说学习目标和学习的具体过程可以进行事先规划，但在实际学习的过程中，具体的学习情境会不断地变化，会使得学生的学习目标、内容、方法等因情况而不断调整，大大提高了学习的开放性。这种开放性一方面可以培养学生的自我调节能力，另一方面可以让他们更多地体验到学习中的自我决定感和自我责任感，让他们感觉到自己的学习由自己做主，进而增强学习的内在动机。

3. 体验式学习有利于学生提高多项实用技能

例如，通过让同学讨论、自由交流、小组合作等形式来锻炼学生的人际交往能力，提高语言技能，这比枯燥的语法教学效果要好很多。很多知识和技能都是从直接经验中获取的，很难通过传统意义上的教学来教授，所以进行体验式学习对于学生提高自身技能有很大助益。

4. 体验式学习能够有效地拓展学校的课程，丰富课程体系

在体验式学习中，不论是学习的内容、方式还是最后真正学到的知识与技能，这些都来自于真实的生活世界，而且能够切实地服务于学生当下及以后的生活。在这种学习过程中，学生们可以自由地选择、吸收、采纳学习情境中多种多样的信息，体验自己与真实世界的关联，发展实用智力，也就是能及时适应、适时改造、主动选择与自己的学习生活所密切相关的真实世界环境的能力。因此，体验式学习尊重个性，有利于学生个性化的转变和成长，能够满足学生们的个性化学习需求和学习愿望。

总之，体验式学习是真正的“在做中学”，能够实现“翻转课堂”。在这样的学习中，学生处于学习的中心位置，学生们与老师一起来掌握课堂，把握学习的内容与进程，强调学习者的个体化需求和个性化的学习风格，也更加强调合作式学习，极大地丰富了学生们感知能力、思考能力、实践能力，充分调动学生学习自主性，让学生正在成为自己学习的主人，成为课堂的主角。

（二）设计体验式学习

其实，在教学中我们已经不同程度地运用到了体验式学习方式。例如，地理老师让同学们观察太阳东升西落来体会地球运动；生物老师让同学们观察植物生长来感受光合作用；物理老师让同学做抛小球实验来验证万有引力等。这些都是认知方面的体验式学习，其过程可繁可简。有很多时候老师的教学目的是让学生们对所学有所感知即可，那就可以以体验为主；有时候不仅要求有所感知还要有所思考，这时候在体验过程中要加入反思的设计，引导学生在体验中思考，在思考基础上进行再体验。此外，情感体验式学习、行为体验式学习也都是常见的是以加深情感体验、形成某种态度为主要目标的体验式学习。在学校对学生进行情感、态度、价值观等方面教育的时候，情感体验式学习最为常用而且效果相当不错。例如，对学生进行感恩教育，让学生利用周末时间帮助父母操持家务、记录心得体会并分享感受，学生就会从一粥一饭的准备、一衣一袜的清洗等一件件平时看来鸡毛蒜皮的小事中体会到父母的操劳与不易，感受到父母无私的爱，进而加深其对感恩的理解与认识。行动体验式学习是以获得操作技能和行为经验为主要目标的体验式学习，任何的技能都要依靠这种学习来获得。只看菜谱不亲自动手去试试做菜，就不可能做出美味可口的菜肴；只看游泳教程不自己亲自去泳池里尝试练习，就不可能学会游泳。在学校中也是如此，很多课程需要学生自行尝试，在体验中学习，在具体的体验活动中得到锻炼。附中经常举行志愿服务活动，学生们通过为社区、广场等公共组织提供有意义的服务而获得新的知识、技能和情感体验，丰富阅历的同时锻炼自身的诸多能力。

为充分发挥体验式学习的优势，我们重点从经验构筑和学习反思这两个核心环节入手，系统开发以体验为基础的教学。

1. 直接经验的构筑

直接经验是体验式学习的首要特征，如何构筑直接经验是每个教师都要考虑的问题。

(1) 创设真实情景，构筑学生真实的学习体验。

这里的真实情景包括自然情景和社会情境，如职业场景、人际互动场景、家庭生活场景等。在这些情景中，学生们不论是观察还是亲自操作，所获得的都是最为真实的体验。例如，观察蜜蜂、蝴蝶等的传粉过程来获取虫媒传粉知识；参观供热厂，学习热能的产生、使用与转化；与外国留学生搭档，切实感受不同文化的差异与碰撞……教师在情景“创设”中所起到的作用实际上就是情景的“选择”和“引导”，即基于课程目标、教学所要达到的目的，来挑选富有教育意义的情景。这里需要特别注意情景的典型性，也要注意很多情景可以利用教室内的条件构筑出来，比如利用清晨阳光照进窗户可以营造物理上光的分解和折射等等。

（2）采用情景模拟，丰富学生的类真实体验。

体验式学习的情景并非一定需要完全真实，其真实性程度可以根据情况进行合理的调整。如果说创设真实的情景难度大或缺乏必要的现实条件，可以通过情景模拟的方式来反映出真实情景中的核心要素，规避问题和真实体验带来的风险。情景模拟分为两种：一种是情景仿真，就是指人为地创造某种与真实世界高度类似的情景，让学生们通过参与这种情景的活动而进行学习，比如地震时的自我保护和逃生演习、火灾时的自救和灭火设备使用演习、野外自救与急救演习等等。教师在创设仿真情景的时候越逼真越好，比如再演习火灾自救的时候，做好鸣火警预告、放烟雾等这些工作，就会使得情景仿真程度提高，学生们在这种情境下才会对真实的火灾现场更有体会，演习推进就会越好，学习效果也就越佳。另一种方式是角色扮演，比如通过让学生们进行角色扮演来模拟历史人物、重演历史事件来加深对史实的理解；在学习水污染治理的时候，可以让不同的学生扮演排污企业家、市民、政府官员等角色，发表不同立场的意见等等。诸如此类用情景模拟来构筑某种体验是很合适的。

（3）运用观察学习，增加学生的替代性体验。

对于很多学习内容来说，真实或者类真实的体验是不可行的，但是学习的过程又很重要，这时候我们可以采用观察学习的方式来增加学生的替代性体验，从而促进学习。比如在思想品德课中可以通过讲述榜样人物的感人事迹让学生了解其道德行为，进而来深刻体验这种高尚行为所带来的道德感。观察学习特别适用于情感、态度、价值观的学习。

（4）关注学习过程，强化学生的认知体验。

让学生认识到自己的认知过程和调控过程，对自己的行为有所把控，让学生去体验这种认知过程本身的真谛。老师需要在教学活动中适当地突出学习活动本身的特性，明确要求学生关注认知过程的特征。比如，老师通过引导学生总结某个题型的常用解题思路和方法，来帮助学生获得关于问题解决策略的体验；老师明确要求各种研究性学习项目的操作要求，让学生体验科学研究的严密逻辑和系统过程。

2. 学习反思的引导

体验式学习中强调的反思指的是对在情境中获得的直接经验的概括、归纳与提炼升华，还有包括对学习过程和结果的评价。教师应该在引导学生对直接经验进行反思的时候从这两方面立足出发。

首先，在引导学生对直接经验进行概括、归纳和提炼升华的时候，要引导学生进行纵向反思，将在直接经验进行之前、之中、之后的东西都贯穿起来反思；也要进行关联反思，把直接经验与学习目标联系起来，特别是把具体经验与课堂学习的抽象概念联系起来；还可以进行挑战性反思或批判性反思，用一种更为宽泛、新颖、批判性的方式来审视所得的经验并进行验证。

其次，在引导学生进行对学习过程与结果的评价时，可以采取多种方式：

（1）组织班级或者分小组讨论，就学生“经历了什么”“为什么会这样发生”“还有其他情况吗”等问题进行相互的交流和讨论，给予学生机会来表达自己所感受到的东西。

（2）指导学生写体验报告，让学生用文字的形式记录下整个过程的经过与感受，并对自己进行评价与总结。

除了这两种方式之外，还可以进行课堂展示，让同学们在全班同学面前分享自己的体验、感受、收获等，让这些宝贵的经验在大集体里交流碰撞，以期碰撞出新的火花。

学校实践

美国教育学家布鲁纳曾提出，学生的学习同科学家从事科研一样，都是一个发现的过程。但传统的教学方法强调的是老师对学生知识的灌输和学生对知识的死记硬背。我们所倡导的学习是体验式学习，不是被动地接受知识，而是通过主动的探究来获得新的知识，再对所获得知识进行进一步的分析、概括和转化，以适应新的任务或解决新的问题。

在体验式学习的实践中，学校对教学的要求就是：走进学生的心里，进入学生的生命中。

行走中体验对于学生的学习来说也很有意义，因此，山大附中开设了国内游学课程。课程内容设计充分体现了学科综合，将语文、历史、音乐、美术、地理、生物、物理、化学等多门学科中实践、体验类的内容与知识整合，利用合理的路线与体验方式的设计，帮助学生达到“走万里路、读万卷书、明世间理”的目的，具有探究性、综合性、时代性等特征。具体的流程是：首先进行游学前培训，然后查阅将要游学之地的相关资料，到达之后采访当地居民并进行记录和调研，返回后进行课题结题展示。目前，我校已开设四条相关线路，分别是古都游学、江南游学、湘西游学以及东北游学。

历史学科为了创设真实的学习场，引导学生搜集老照片、讲述家庭往事、采访家中的长者、整理家中有历史印记的实物、写家史、编撰家谱，通过对生活中历史碎片的整理，实现一次完美的历史“穿越”。一张张小小的家庭照片，不仅留下了亲人的温馨、成长的足迹和一段段甜蜜的回忆，同时也是对祖国大家庭历史发展的真实而细微的写照，折射出社会历史发展的轨迹，留下了历史的真实见证。学生通过这样的体验活动感知到个人与家庭、家庭与国家的关系，培养了家国情怀。

每年国庆节，在四处飘扬着五星红旗的校园内，两支全副装备的学生队伍蓄势待发，他们即将迎来的是“自行车之旅”研学活动。活动前，孩子们备足了功课，他们在学校“自行车之旅”选修课中已经了解了泰山文化、大汶口黑陶文化、孔孟思想、黄河文化和运河文化，文化学习的基础与人文精神的积淀为孩子们的游学活动增加了内涵。此外，还有多条国内研学的线路。有位同学在参加了“跟着课本游江南”活动后，写道：“学习鲁迅笔下的百草园时，我的眼前一度浮现出一幅树木丛生、虫声此起彼伏的画面……我才恍然大悟，童年的真情，能将一切平凡的事物升华。”

山大附中把塑造具有国际化视野的卓越人才作为培养目标，鼓励学生到人类文明的不同文化环境中去探访和体验，学习非母语、非本地的文化历史传统，数年来开辟了自己的国际研学课程，其中包括：国际友好学校间互访、孔子课堂、世界和平日四国视频交流、澳中之桥、亚洲青少年论坛、中美合作课题研究、国际青少年科学博览会等深层次、高

水平的互动交[illegible]万卷书，行万里路”，成为山大附中学生的独有情怀

[illegible]了让学生真正能够实现“我的学习我做主”，山大附中基于学生兴趣，设置了丰富多彩的选修课来让学生体验不同的人生。选修课程就是让学生自主选择、自主规划的课程。选修课有这样的开设流程：首先是教师根据学情以及个人所长进行课程申报，教师发展评委会负责审核认定课程，获得通过的课程进入课程资源库，然后学生在课程资源库中选课、确认，按照规定的时间地点走班上课，结课后根据学生调查来评价完善。

教育就是引领学生把目光从窄小的教室里转移开来，投向广袤的星空。

延伸阅读

现在很多人仍然追忆陶行知，不断重温他最为推崇的不重应试重“行知”的教育理念。我们都知道陶行知在《生活教育》上发表《行知行》一文，把自己的名字改为“行知”，主张“行知行”。这是他对学习过程认识的升华，是对会考制度见“知”不见“行”的有力回击，也是对应试教育的坚决抵制。

陶行知不看重成绩，不看重分数，他强调教、学、做合一，重视“行”，把实践放在第一位，强调从实践中学习，再返回实践。

重视“行”对今天的教育而言，有很重要的意义。

第一，“行”“做”和“实践”其实是一种重要的学习方式与方法。不管是杜威的做中学，还是陶行知的教、学、做合一，都在强调一个事

实：与间接经验一样，直接经验也是重要的学习方式与方法。直接经验的获得，不仅沟通了学生的现实世界和知识世界（这本是同一个世界），而且在经验中，学生在活动和作业中找到意义感。

第二，“行”“做”和“实践”能够启发学生思考，培养学生的动手能力、实践能力和创造能力。陶行知说：“行动是老子，思想是儿子，创造是孙子。”诚然，在今天的教育中，学生主动解决具体的问题时，不仅动手能力得到了培养，而且在行动中存疑，动脑动手、“知行合一”，有益于创造力的培养。

第三，重视“行”“做”和“实践”，促进人的智力、体力和品德等和谐发展，有利于培养全面发展且具有独立个性的健全个体。陶行知指出，智识与品行分不开，思想与行为分不开，课内与课外分不开，做人、做事与读书分不开，即教育与训育分不开。重视实践，强调“知行合一”，不仅促进智力、体力的发展，而且是德育的重要方法，使学生在具体的实践中操练品行，深化认识。

体验式学习一直在进行中，从未止步，我们每一个人都要思考，什么是我们想要的教育，我们要培养出什么样的未来栋梁。

自我的内在发展动力，没有强大境界支撑下的动力，所有的压力都来自于学校、教师和家长强加的通过考学改变命运的压力。这种压力对孩子的发展是极其有害的。

当我们发现当前教育机制下培养出来的学生学习兴趣、独立性和社会责任感缺失的时候，我们自然便会对当下的人才培养机制充满忧虑。有人提出“有大德才有大智慧”，大德是什么，是国家情怀、社会情怀、人类情怀。我国著名的教育家、科学家钱伟长就是一个非常典型的例子，钱伟长是依靠历史和语文考了满分进入清华的，他的物理只考了5分，但是他却成了中国近代物理学的奠基人。为什么？日本人入侵中国了，他要报效祖国，就毅然放弃了中文，改学了物理。他没有物理学的基础，可他成了这个领域的大家。这说明情怀和境界是决定人生和事业高度的重要因素，是推动人发展的重要因素。因此，所谓要给学生一定的压力，是要唤醒学生内在的追求，没有内在的自我人格的觉醒、自我意识的觉醒，外在的所谓各种压力，对学生的学习与成长所起的作用是短暂的，而且对学生的终生发展是极其有害的。很多学生没有动力、迷失方向、浑浑噩噩度日，根本上就是心中缺乏责任感、没有担当意识造成的。忽略了学生责任和担当精神的养成，正是当前很多教育的缺失。

二、培养学生的责任与担当意识

作为学生，第一要务就是搞好学习。培养学生对自己学习负责的能力也就是培养他们对社会负责的能力。一个学生如果能够做到每天认真听课，按时完成作业，为自己的学习负责，那么将来到社会上，他也能够认真工作，完成任务，对自己的工作负责。所以学校首先要做的是，让学生们意识到学习是学生的本职，学习是为自己而学，为了回报父母的辛劳应更加努力，为了国家更好的发展当奋发图强。

戊戌变法失败后的1900年，梁启超慷慨激昂地写就《少年中国说》："故今日之责任，不在他人，而全在我少年。少年智则国智，少年富则国富；少年强则国强，少年独立则国独立；少年自由则国自由；少年进步则国进步；少年胜于欧洲，则国胜于欧洲；少年雄于地球，则国雄于地球。"[①] 字字句句，深深震撼着我们，中国的未来在哪里？在我们的少年手里，在我们的少年心里。只有每个学生意识到自己的努力与中国未来的命运息息相关，只有每位学生意识到自己是祖国未来的希望，他才会在学习中、在生活中不断地提升思想认识，意识到自己所肩负的责任与希望，才会加倍努力，奋发向上，真正做到为中华之崛起而读书！

学校通过开展多种多样的校园体验、社会实践活动，让学生提升责任感，成长为一个有担当的人。比如，开展远足活动，用脚步丈量大地，在一步步的行走中感受集体的力量，感受作为集体的一分子"掉皮掉肉不掉队，再苦再累不掉队"的真正含义；开展班级间的比赛，让学生参与奋斗的过程，体会到集体的力量，调动起每个人的主人翁精神；在班级内部搞"流动班长"制度，每个人来轮流当班长管理班级，体会班主任管理班级的不易，体会打造先进班级是多么复杂的任务。换位体验和思考后，学生可以更好地明确班级存在的意义，意识到作为班级的一分

① 梁启超：《少年中国说》，张品兴主编：《梁启超全集》第一册第二卷，北京出版社1999年版，第411页。

子，他应该怎么做，应该承担什么角色，应该担起什么责任。这样的活动还有很多很多，比如，观看、分享一些公益影片，可以激发起学生们的社会责任心，当他们看到还有很多孩子仍然生存在社会底层，会懂得感恩与分享，懂得珍惜现在所有，努力回报社会；让学生们了解在地震、洪水现场的一线抗险救灾的官兵的英勇事迹，这样他们就知道现在的安逸生活是牺牲了多少人的幸福换来的。要培养学生们的感恩意识，在感恩中奋发努力，树立为国奉献的责任意识，履行自身的责任与义务。

一个没有责任感的人，是注定没有成就的。如果我们不能激发出学生的责任和担当意识，那么我们的教育也注定是失败的。集团各校都牢固树立起培养学生责任与担当的意识，在班级教学、社团活动、集体活动、师生关系、家庭关系等方面使学生明白：自己作为群体的一员，必须形成自己的角色意识，履行义务并承担责任。

学校实践

山大附中一直将责任与担当作为生命成长的郑重宣言。初中时期是一个人成长的重要节点，懂得感恩与责任会使得他们的生命更为饱满和坚韧，只有当个体的精神不断完满的时候，他们才能与他人、社会、大自然等形成关怀关系。因此，我们设计了一系列成长、感恩与责任的德育活动课程。

每年的四月份，学校都会组织30公里远足活动。孩子们一早从学校出发，开始遥远的征程。背包里背着的是一天的水和食物，全部是负重前进，长长的队伍穿过半个济南城，从城市走向乡村，从柏油马路到尘土飞扬的田间小径，历时9个小时。在路上，体能不好的同学走得慢了，会有人过去陪在一边，会有人默默接过他沉重的包，还会有人递上一瓶水，但绝不会让任何一位同学掉队。这样的队伍暖意融融，每个孩子的心里都有一个信念——“不抛弃，不放弃”，不抛弃可能掉队的同学，不放弃征服远方的梦想。

丈量这30公里的，不仅仅是他们的双脚，还有责任与担当、爱心与互助——身体的磨砺与精神的成长同时在体验中获得。

我们还有“泉城义工”“爱泉护泉”“义务植树”“随父母工作一天体验活动”等活动，磨炼学生的意志，培养学生的主人翁意识、服务社会的能力和态度，引导学生感恩社会、回报社会，用生命去影响生命，收获自我的成长。孩子们在体验与实践中得到锻炼，同时又开阔了视野，增强了社会责任感。

第三篇

教师篇

第九章

信仰与情怀：教师幸福的源泉

要想学生好学，必须先生好学。唯有学而不厌的先生才能教出学而不厌的学生。

优秀的教师该有这样的素养：

——关爱学生。教师真正的力量不在于自身是知识的权威，而是心有大爱。

——能够激发学生的潜能。教师应该善于发现和发展学生的潜能。真正的教育就是让学生在知识、智慧、人格等方面不断增值。

——能拥有职业幸福。在单纯朴素中体会幸福，在崇高信仰中感受幸福，在专业提升中获得幸福。

教师不仅仅是园丁，其本身也该是一朵美丽的花；教师不应该是春蚕，其生命在每一个季节都会生意盎然；教师也不应该是蜡烛，把学生的发展建立在牺牲教师的基础之上显然并不妥当。甚至，把教师视作人类灵魂的工程师的说法也需要商榷，因为人类的灵魂不是机器，不能任意修理，也不能用一个固定的流程塑造、改变。那么，教师究竟是什么？

其实，教师就是教师。教师与学生是互相依赖的生命，是共同成长的伙伴，是交织共鸣的灵魂。教师与学生是教育活动中的统一体，他们都生活在教育的“生命场”中。要想获得各自生命的全面而和谐、自由而充分、独特而创新的发展，必须依赖教育活动中两个生命主体间平等的交往和互动、充分的理解和支持。

因此，入选“100 名改革开放杰出贡献对象”的优秀教师代表于漪曾说：“一辈子做教师，一辈子学做教师。”教师要不断发现新的专业生长点，不断学习，从而有所开拓、有所建树。同时，教师更应该是一个有情怀的人，会在点点滴滴的细节中潜移默化，懂得每一朵鲜花都应该自由地绽放，每一个生命都应该健康地成长。教师的言谈举止之中应当自然地流露出尊重、理解与关爱，欣赏、引领和包容，这样才能够坚守对人格的培育，给孩子提供最适合的教育。

教育是心灵与心灵的交流，智慧与智慧的碰撞。教育追求和谐与自由——这就是教育的信仰，也是教师在教育事业中不断获取幸福的源泉。

一、教师的职业信仰与情怀

唐代著名文学家、思想家韩愈说，教师最根本的任务是传道、授业、解惑。而儒家最重要的贡献则是将教育的文化传承上升到了道统的地位。在现代大学教育中，师范大学校训所倡导的“身正为范”的“正”，讲的就是这种理想信念和完美人格。学生对教师的尊重和爱戴，并非仅仅是对教师个人，而是因为教师所代表和体现的理想信念。这正是中国教育中和谐师生关系的道德基础。

受到学生喜爱的老师都是极富人格魅力的老师，这种“人格魅力”不仅展现在课堂上，还全方位地展现在教师生活的点滴之中，它是老师人生体验的一个缩影。乐观积极的态度、幽默风趣的谈吐、宽广强大的内心……这些都来源于老师的自我修为。这些修为与老师的成长经历、文化背景和人生心得密不可分。老师的成长不应该限制在课堂内、讲台前，应该放在更广阔的人生舞台中，不断历练、不断反思、不断进步，一点点提升自己、成就自己。这其中尤为关键的是教师的信仰与情怀。

梁启超 1922 年 4 月 10 日在“直隶教育联合研究会”演讲时讲到：

孟子说：“君子有三乐，而王天下不与存焉。”第三乐是：“得天下英才而教育之。”他的意思是说教育家比皇帝还要快乐。

我常想我们对于自然界的趣味，莫过于种花；自然界的美，像山水风月等等，虽然能移我情，但我和他没有特殊密切的关系，他的美妙处，我有时便领略不出；我自己手种的花，他的生命和我的生命简直并合为一；所以我对着他，有说不出来的无上妙味。凡人工所做的事，那失败和成功的程度都不能预料；唯有种花，你只要用一分心力，就有一分效果还你，而且效果是日日不同，一日比一日进步。

教育事业正和种花一样：教育者与被教育者的生命是并合为一的；教育者所用的心力，丝毫不会枉费；所以我们要选择趣味最真而最长的职业，再没有别样比得上教育。

教育家还有一种特别便宜的事，因为“教学相长”的关系，教人和自己研究学问是分不开的：自己对自己所好的学问，能有机会终身研究，是人生最快乐的事。做别的职业的人，虽然仍然可以研究学问，但学问总成了副业了；从事教育职业的人，一面教育，一面学问，两件事完美融合。

所以别的职业是一重趣味，教育家是两重趣味。教师一面是自身的学习，一面是谆谆教导，学生学业教的进步了，自己所喜欢的学问也进步了，天下还有比他再快活的事吗?①

所以，教师是一份有功德的事业。这份功德来自对学生成长的帮助、对社会、对未来潜移默化的影响。因此，教师需要有教育信仰和教育情怀，才能在三尺讲台塑造大千世界。

二、成长是生命的内在需求

成长是人一生的必修课，也是教育的基本体现。不仅孩子需要成长，每一个教育的参与者都应该是一个不断学习、持续成长者。

学校的培养质量，取决于学生的成长质量；而学生的成长，取决于教师的教育水平。教师的生命成长质量，决定了一所学校的水平。学生成长的每一个环节，都是教育可为的领域，也是教师成长发展的广阔空间。时代的变化、知识的更新、技术的迭代、代际的差别……这些因素决定了教师不能一成不变，教育理念、教育能力和教学水平必须因时而

① 梁启超：《趣味教育与教育趣味》，《饮冰室合集·文集》之三十八，中华书局1936年版，第12~13页。

变、与时俱进，这需要教师不断地成长。

在教育这一“生命场”中，好的教师与其他教育资源一起，共同托举起好的教育，共同营造意义丰富的学校教育生活。在这样丰饶的土地上，孩子们将会得到最好的教育的滋养，能够学会善良与仁慈、关心与合作；同时，他们的想象力、创造力，以及作出正确决定的能力都可以得到锻炼。一批批的学生不断成长，我们才真正能够拥有持续进步的社会。

中央教科所所长朱小蔓在《在心中掌一盏灯》中表示：

好教师的养成也是一个系统工程。好教师说出让学生感悟的话，做出让学生感动的事，一句话、一个举动，启迪学生心灵，让学生收获成长和感悟，这绝非朝夕之功。教育不是为了获得好分数和通过考试，也不仅仅是技巧训练和知识教学，而是引导学生探寻什么样的生活才是值得过的，并为这一人生历程做准备、做演练。这意味着教师要有指导、呵护学生获得终生幸福的情怀、智慧、责任与勇气。实际上，这包含着教师的职业道德意识，考验和锤炼着教师的职业责任感和道德想象力。

迎向这种需求需要客观条件，也需要来自外部世界的规范和支持，更重要的是无止境的自我提升，是在与学生共同成长中，教师自己认真思考什么是值得过的生活，并努力追求这种生活的幸福：当你选择了职业，就选择了生活方式。作为教书育人的担承者，除了为年轻一代负责以外，我们也必须为自己负责，包括养护自己的心态和精神。好教师，是温养出来的，也是不断自我超越而成长起来的。①

所谓的教师成长，就是在这一空间内不断发现新的生长点，从而有所开拓、有所建树。这一方面表现在教师能够与时俱进，自主学习，同时利用各种机会，包括外出交流、内部培训、集体备课、教学研究等形式，把握时代脉搏、尊重教育规律、更新知识结构、提升教学能力，实现教师个人知识、能力和水平的提升。另一方面，教师能够将自己的水平有效输出，在教育教学的各个环节，尊重学生个性，激发学习兴趣，传递知识、训练思维、培养能力，实现学生各方面的综合发展。

教师的成长空间，决定了教育的可为空间以及发展方向。教师要追求的，应该是在单纯朴素中体会幸福，在崇高信仰中感受幸福，在专业提升中获得幸福。

三、学无止境：在专业提升中获得幸福

教师要教好书、育好人，就需要不断进行自我修炼和自我成长。每个老师都有自己独特的兴趣、学习的方式和途径，都有自己的规划和定位。要想跟上时代的步伐，不被淘汰，就要不断地自我学习、自我突破，自我成长。老师唯有持续学习和提升，才能在与学生课上、课下的每一次互动中，进行思维碰撞，让新思想、新发现不断产生、发酵、沉淀，最终融入师生的身心，成为一生的烙印。

---

① 朱小蔓：《在心中掌一盏灯》，丁永为：《世界著名教育思想家：杜威》“编者序”，北京师范大学出版社2012年版。

老师让自己变得更加优秀，才能更好地扮演学生人生导师的角色，帮助学生发现自我，完善人格，建立自信。好的教师培养出好的学生，学生出类拔萃、人才辈出，又可以提升教师的信心，进一步激励老师自我成长，激发最大的潜能。所以，教师的成长一定是与学生的成长镶嵌在一起，互相扶持、互相成就。良好的师生关系，是成功教学不可分割的一部分。教育始于教书，终于育人，前半部分或许可以用经验解决，但后半部分需要的却是无限的耐心和投入，所有的“套路”都不适用。教师必须通过自我学习与成长，探索出一条适合于自己和学生的道路来。

读书是一种非常有效的自我成长的途径。老师们总是督促学生多读书，读好书，身为师者，更应该以身作则，多读书，勤读书，读好书，为孩子们做出榜样，做学生们的领读者。我们经常在马拉松比赛中看到领跑者，领跑者想的不是自己去拿冠军，而是为了提高这些运动员成绩，用合适的速度带领大家往前跑。或许没到终点，领跑者就退下去了。他的目的不是自己的名次，而是为他人的成就奠基。这样的领跑者在教育界有两位十分有名的代表：一个是孔子，一个是苏霍姆林斯基。孔子作为中国文化的奠基人，删《诗》《书》、定礼乐、序《周易》、写《春秋》，塑造了中国人的精神世界。苏霍姆林斯基曾经说过：教育非常重要的任务就是使读书成为每个孩子最强烈的精神上不可压抑的欲望，想同知识源泉打交道。这两个人和这样的一个群体，就是我们心目中领跑者的榜样。

那怎样才算是阅读中的领读者呢？领读者首先应该是读者，一个有着较高阅读趣味和阅读能力的人。只有在阅读中才能学会阅读，较高的趣味能力是在大量阅读中实现的。周国平先生曾经说过：读者是一个美好的身份，我们每个人拥有不同的职业，但是读者可以成为我们共同的身份。要成为一个真正的读者，他就应该把阅读作为自己的生活方式，读书就应该成为他自己的生活必需，读书就应该成为他生活的乐趣，读书就应该成为他幸福的源泉。真正的读者应该拥有自己的阅读品位和鉴赏能力，融入到人类文明建设中去，做一个真正的文明人。阅读未必改变命运，却可以改变我们对命运的认知。教师作为一个领读者，既是示范者，又是带领者。

长期以来，阅读一直被少数人拥有。从人类漫长进化史来看，阅读在古时代是非常高贵的事情，可能只有上层社会才可以享有。反观今日，尽管阅读机会已相对均等了，但大多数人还是读书少，甚至不读书，借口是“没时间”。这些年来，很多教育学家、学者对阅读进行了大量的思考和探索，在学校教育、家庭教育、社会教育中研究阅读、推广阅读。

老师们应该借助这个时代的技术力量，利用各种平台，抓住多种机会与其他老师的交流和切磋。每位老师在教案、备课、上课环节设计、与学生交流沟通等方面都有着自己独特的经验。善于发现其他老师的优秀之处，取其精华而化为己用，是提升自己的一个好途径。作为老师，在备课、上课之余也要跳出日常所在的圈子，从外面审视一下自己，保持清醒的头脑，不要迷失在日常教学的琐碎之中。教师还应当准确把握教育主管部门和学校对教学任务及考核评估作出的决定部署，在立足自身和教学实际的基础上将统一的标准以个性化、自主化的方式融入自己的教学风格中。同时，应积极参与课题研究，因为从事教育不仅需要有教育智慧，更需要有对教育细节进行细致的观察和精心的研究，这样才能不断突破别人和自己的经验，根据不断变化的教育对象和教育内容，形成独立的教育教学风格。

这种专业提升的过程，正是教育幸福的所在。

第十章
评价：教师成长的促进力量

有时候，教师的职业选择并非出于兴趣，因此在工作中会出现职业倦怠。有鉴于此，我们基于教师、学校发展中出现的问题，以问题导向开展教育科研，从逼着上路、领着走路到独立走路、自己探路。我们的评价也基于此：评价不是证明，而是为了改善。

教师的专业发展、职业幸福，需要学校优质文化的引领，需要学校对于教师专业发展的高度关注，需要学校将发展的平台搭建起来，或者交给老师自主搭建。教育制度的终极目的是促进学生学习，教师队伍水平是影响学生学习的重要因素，而教师评价则是非常重要的教师质量保障环节。

教师评价是学校教育管理的重要组成部分，它不仅关系着教学成果和学生发展，而且与教师的专业发展、职称、职务、待遇等切身利益密切相关，教师评价的公正与否，在很大程度上影响着教师的工作态度和工作积极性。评价最重要的意图不是为了证明，而是为了改善。完善的教师评价系统有助于促进教师教学，提高教育质量，加强教师专业队伍建设。

一、动态评价带来课堂的丰富性

作为一名教师，最根本的职责还是教书育人，课堂效果如何直接关系着学生学习质量的高低。从某种程度上说，对一名教师的评价往往就是对其教学水平的评价，那么如何评价一名教师的授课水平？这需要从多维度来进行观察和评价。

站在生命的高度，从动态发展的角度来看教育，学校就是一个以文化熏陶、激发智慧来关照生命、沟通心灵的场域，课堂是这个场域的重要组成部分。作为一名教师，应该努力从教育的本原来认识我们的课堂，教育面对人、帮助人，必然要基于学生实际，要从学生生命发展的需要出发。特级教师杜长明曾经做过专门的论述：

> 我们常说“以学定教”，这个“学”字，主要指学情（包括学生的学习习惯、学习态度、学习方法、学习的“最近发展区”等）；这个“教”字，主要指教学目标的确定、教学方法的选择、教学手段的采用等。注重学情把握，是教师备好课和上好课的前提。……
>
> 新课堂的一个重要教学理念是“是否构建了以学习为中心的课堂”。在笔者看来，课堂应该是双主体，学生是主体，教师也是主体，师生同为主体。有时是以教师为主体，比如概念的讲述、教师的适时点拨等；有时是以学生为主体，比如个人自学、小组合学和集体展学

等环节。基于对双主体的认识，评课者应该看执教者构建的课堂是不是以学习为中心的课堂，课堂呈现的情景是否为师生一起学、生生一起学、师向生学、生向师学、师生向一切课程资源学等。……

在课堂活动中，思维交往构成了学生的智力背景。听课者常常发现，课堂上学生“对答如流”，笔者认为，要么学生事先有演练，要么老师的提问太简单。课堂上，学生肯定是有“三大障碍”（知识障碍、心理障碍和思维障碍）的，教师的任务是相机诱导，适时点拨。教师提问是卤水，学生思维是豆浆，教师要将合格的“卤水”倒进学生的“思维场”里，产生智慧成果——“豆腐”。课堂上，教师教学设计的着力点是创生问题，主体工程是问题设计。如果问题设计不好，没有引爆思维，学生就会“春风不度玉门关”，无法“吹皱一湖春水”；如果问题设计不好，学生的心就会“如小小的寂寞的城”，课堂气氛就会令人窒息。于是教师焦急了，心想“你知道我在等你吗”，其实，教师是“白天不懂夜的黑”。评课者要特别关注执教者的提问。想一想，执教者的提问有“五度”吗？即有宽度（思维的范围）吗？有深度（思考的层次）吗？有角度（思考的方向）吗？有精度（问题表述的精确度）吗？有温度（思考的过程体验）吗？教师只有高度重视问题设计，才能引发课堂的思维冲突与价值冲突，课堂才是开放的、生动的。没有思维冲突与价值冲突，课堂就会走向封闭与死亡，教学就是低效、无效甚至负效的。①

我们要始终铭记：教师以阳光来播撒阳光，以爱来守护爱，以智慧

① 杜长明：《九个维度评价一堂课》，《中国教育报》2016年11月16日第11版。

来引领智慧。陶行知认为，要想学生好学，必须先生好学。唯有学而不厌的先生才能教出学而不厌的学生，要学生做的事，教职员躬亲共做；要学生学的知识，教职员躬亲共学；要学生守的规则，教职员躬亲共守。

二、尊重差异：评价是为了改善

在教育“生命场”中，教师的教育工作是与学生互动而生成的一种过程性劳动，既复杂又富有创造性。学生受家庭成长环境以及社会各方面影响，由于心理特征、社会环境、家庭教育、个人努力程度不同，学生们在发展水平上、接受能力上会有很大的差异。因此，教师的教育不能像生产商品那样，照同样的工艺流程、统一的技术要求、统一的方法来进行，而是既要遵循教育教学的一般原则和规律，又须力避千篇一律。要使不同的学生都得到发展，就需要教师的劳动具有极大的创造性和灵活性。

教书育人是一个复杂的动态过程。教师的任务不单是向学生传授知识，而且还要培养技能，发展智力，增强体质，进行思想政治教育，培养审美能力等。而且，学生总是处于不断的发展变化中——低年级和高年级不同，今天与明天不同。所有这些对象的变化、条件的变化、学生的发展，都要求教师不断地探索、创新。

人的成长和发展需要一个过程，教师对学生发展的影响往往需要一定的时间，甚至要经过几年或几十年才能显示出来。古人说：“十年树木，百年树人。”教师的教育往往具有长效性。一个学生在整个受教育的过程中，要受许多教师的教育和影响。所以对一个学生的成长而言，绝不是仅依靠某个教师的教育，而是众多教师在共同教育场中形成合力的结果。

因此，对于教师的评价显然不能单一化，更不能简单地量化。在全面实施新课改的今天，不仅要关注教师当前的表现，还要关注其未来的发展。在评价形式上，既要有终结性评价，更要注重过程性评价。这是因为教师的工作主要体现在平时的各种教学活动之中，制定教师评价方案时，只有在真实有效的过程性评价的基础上，终结性评价才能恰当、可靠。在评价方法上，既要让教师进行自我评价，又不能丢掉民主评议。教师自我评价在一般情况下是比较真实、可靠的，不仅对自己工作有定量的分析，也有定性的总结；不仅有显性的工作总结，而且有隐性的汇报，这为民主评价提供了充分依据。在教师自我评价基础上，再经民主评议，并把评价结果填写在教师评价手册中，对教师工作有更大的促进作用。但如果教师自我评价不可靠、不真实，或自身不认真对待，评价是起不到作用的。要让学生、家长参与教师评价。因为学生对教师的言谈举止、教学态度、教学水平、教学技能以及其他方面都比较了解，让他们参与评价，有助于教师改进工作。学生家长也与教师沟通较多，通过反馈信息，会促使教师不断进步。学生、家长参与评价的同时，学校领导小组也要对教师工作进行客观、公正的评价，最后将这两项评价综合起来分档次记入教师档案。对教师评价必须注重显性与隐性、定量与定性、结果与过程的关系，评价结果才能公平、公正。

就评价目的而言，教师评价要侧重发展与提升，形成性评价和终结性评价并行。而就评价内容而言，教师评价大体分为四个方面：教学效果、专业水平、个人品行、教学环境。教师评价尊重教师的多元价值观，尊重教师根据实际情况对教学方式和解决问题方式的价值选择，尊重教师的个性、能力倾向、兴趣，而不是用一套行政性评价标准和评价内容评价所有的教师。因此，我们的教师评价更加注重发展性，致力于以差异评价的方式来促进教师生命成长。教师与学生一样存在许多个体差异，因此我们在认真分析每一位教师的现状及其发展态势的基础上，帮助教师提升“长板”，克服“短板”，为教师的发展献计献策，为其提供适宜的发展平台。例如，有的教师有优秀的课堂授课素质，在外在形象、普通话、语言表达、组织能力等方面具有较强的优势，善于调动课堂气氛，而且具有较强的教材处理能力，评价方案就引导这部分教师可以在做好常规工作的基础上，逐步形成自己的课堂教学风格，走上一条充满自信、富有课堂教学成就的道路，体现自己的价值。相对于“教学型教师”，有的老师可能属于“科研型教师”或“管理型教师”，我们也制定了相应的评价标准。通过研究教师发展的规律，制定了适合各类人才脱颖而出的评价方案，有效地调动了教师的主动性、积极性，使他们各自的优势得到了充分发挥。同时，评价方案还突出过程性评价，每一部分都有详细的过程性评价细则，实现了通过评价引领教师把专业发展做到细处、实处。

第十一章

民主：教师境界的守护

我们在基于道德自律和信仰追求的基础上，构建集团的制度规范。制度规范倡导底线管理：在保证不碰触红线的基础上，以核心价值观为引领容许自由探索。

我们倡导“学术领导，行政服务”的理念，由共同的教育价值观所凝聚的志同道合者，形成基于制度保证下的、简单的人际关系（朴素、纯粹）和复杂的学术生态（优势、学术的相互支撑）。

从管理和控制，走向领导和服务，构建“和谐、稳定、充满活力”的集团管理文化。

教师的专业发展、职业幸福都需要学校优质文化的引领，需要学校对教师专业发展的高度关注，需要学校将发展的平台搭建起来，或者交给老师自主搭建。

因此，一所好的学校要创造和谐环境，支持师生发展，坚持用爱唤醒爱，真诚实现沟通，送出欣赏，得到卓越，给予信任，获取力量，给予宽容，张扬个性，使学校成为教师与学生生命成长的美好家园。

俄国教育家乌申斯基曾说："在学校中应有严肃的管理，容许说笑话，但不能整个事业变成笑话，温和而不谄媚，公平而不吹毛求疵，仁慈而不软弱，有秩序而不拘泥，主要的是真正有理智的活动。"[①] 教育管理是针对知识分子的活动，这其中的"理智"体现在对教师队伍的充分理解上。教师队伍是知识分子的群体，这样的群体不仅关心自我的生存状态，而且关心自我价值的实现，同时还具有强烈的社会责任意识。因此，教师队伍的管理既是政令在具体工作中的实施，更是对教师境界的守护。

对于如何教书育人，每一个教师都会有自己的价值取向。教师个体的教育价值取向，与学校的办学思想不一定趋同，甚至可能相悖。因此，如何才能引导教师认同校长的办学思想，并且将办学思想转化为具体的教育行为？如何才能引导教师既坚定不移地坚守个人教育理想又面对现实，向着教育理想和理想的教育境界努力？如何把貌似矛盾的各种诉求结合起来，成为教师队伍管理的又一个课题。同时，每一个学生的成长并非某个教师独立劳动的成果，而是学校全体教师团队合作的教育成果。因此，教师队伍的管理就是要调动每一个教师的教育教学的积极性，让他们的工作形成教育合力。

长期的教学经历和学校管理实践使我们认识到：只有更新观念，实

---

① [俄] 乌申斯基：《〈祖国的语言〉教学指南》，张焕庭主编：《西方资产阶级教育论著选》，人民教育出版社 1979 年版，第 483 页。

行民主管理，让广大教师以不同的形式参与管理，参与目标制定、参与问题的讨论和解决，才能让教师把个人目标和集体目标统一起来，产生强烈的自主感，提高对自我价值的认识，产生集体的向心力，凝聚智慧和经验，调动每一个成员的积极性和创造性，使他们专心地教学。

一、底线管理：给教师以充分的发展空间

在现代教师的构成要素中，有一个不可或缺的要素——民主意识，也就是说，现代教师应该是具有民主意识的教师，这种民主意识需要管理者培植，这个培植的过程就是民主管理。管理是付诸现实的具体行动，是看得见、摸得着的做法、行为。管理者实施民主管理时要考虑被管理者的感受和管理者的具体行动的关系，也就是通过管理者的具体行动使被管理者产生一种民主的感受。基于这样的考虑，民主管理的着眼点应该是把握好教师的心理特点，再依据教师的心理特点，遵循教师的心理脉络，实施民主的管理行为，从而调动教师的积极性。

因此，在这个意义上，学校应弱化对教师的管控，即少一点“管理”和“控制”，多一点“关怀”和“支持”。具体做法上应突出“底线管理”：在坚持教书育人、为人师表为基本底线的基础上，容许老师的自由探索和个性发展。校长和管理机关，则从传统管理命令的发布者、资源的分配者、行为的指挥者和结果的监督者，转变为发展的引领者、资源的提供者、氛围的保护者和方向的引导者努力以民主管理的方式让全体教师参与有依据、表达有途径、意见有倾听、管理有秩序。同时，各校部机关则应从管理和控制，走向领导和服务。

二、民主管理：提升教育的境界

美国心理学家马斯洛的需求层次论认为，人的需求可以分为生理需要、安全需要、归属和爱的需要、尊重的需要、自我实现的需要。马斯洛进而得出结论："我们把这些需要得到满足的人叫做基本满足的人。"[①] 由此，我们可以期望这种人具有最充分、最旺盛的创造力。而这五类需要是由低级向高级层次梯级发展的。教师对尊重和自我实现的需求尤为强烈。

管理学告诉我们，领导应该致力于大方向的把握和群体积极性的调动。因此，只有让教师真正感觉到被尊重、被认可，使他们得到平等的精神满足和产生成就感、自豪感，才能激发出强大的动力。因此，也只有让教师在参与学校民主管理过程中，增强对集体的认同感、责任感，才能使他们成为"具有最充分、最旺盛的创造力"的人。

教师队伍素质的提高，有多种实现途径。但一所学校良好的管理氛围，无疑是促进教师提升素质的重要因素，而营造这种氛围的法宝就是实施学校民主管理。教师只有在感觉自己被尊重、被认可的民主管理氛围里，才会迸发出更高的学习工作热情。现代教育要求我们的教师必须是综合型、复合型人才，要担负起培养新一代"全面发展的人"的重任。教师在学校民主管理实践中巩固了专业知识，学到了管理和社会学知识，拓宽了知识领域。学校民主管理为教师提供了施展才华的平台，使一批

① [美] 马斯洛：《马斯洛人本哲学》，成明译，九州出版社2003年版，第58页。

教师脱颖而出；也为学校领导、组织人事部门了解人才、发现人才提供了契机。

民主还具有重要的教育意义，只有自由民主的管理环境，才能创造出富有特色的学校，也只有自由民主的教育环境，才能孕育出具有个性的学生。

从工作性质上看，教师工作有它的特殊性，更多地体现为个体劳动的特点。在很大程度上讲，教师经常处于一种自我监督的工作状态中，从备课、讲课、批改作业、到课外辅导和个别谈话，无一不是教师自我实施、自我检验的方法，它很多时候是一种无形的劳动，无怪有人说，教师从事的是一种良心活。要想让教师自主地去开发自我潜质，让教育教学效果达到最佳境界，也必须通过民主管理来实现。而且，教师的劳动对象是学生，学生是活生生的个体，随着历史的发展、社会的进步，家长、学生的民主意识和民主要求也越来越强，并逐渐产生了参与学校管理的要求。学校充分尊重家长、学生的权利和愿望，发挥他们在教育中的巨大作用，也是决定教育管理必须民主化的重要原因之一。只有实行民主管理，才能整合社会资源，在最大范围内充分调动广大教职员工的积极性和创造性，增强他们工作的内动力，真正以校为家、爱校如家，以一种主人翁的态度去参与学校管理和其他各项工作，学校必然也能够焕发出政通人和、事业兴旺的勃勃生机。

学校领导必须有民主的精神和作风，律己宽人，胸怀博大，平视广大教职员工，以一种真正意义上的平等去和广大教师研究、探讨学校的现实和发展。唯有如此，学校才能实现良性发展的循环。学校决策的过程应当充分发扬民主，我们所要的不是“应对主义”“纸上民主”，学校民主管理应是一种真正融合进步、正义、高尚、负责、团结于一体的治校的境界，是一种现实意义上的实践。

三、良好的氛围：教育的内驱力

在教师成长方面，我们一直致力于让教师享受生命成长，创造幸福人生。要让教师崇尚教育，在教育的实践与研究中不断有新的发现，并且以此为乐；让教师善于倾听——成为学生生命的影响者和助力者，成为每一位家长的影响者和助力者。

我们一直致力于管理环境的优化，致力于彼此之间的有效沟通，致力于学校文化的塑造，致力于满足每个人内心发展需求。我们坚信，蕴藏在所有人的灵魂深处的价值实现感、自尊、自爱、自强心理与主动性、创造性将自然地倾泻出来，学生、教师与学校将得到共同发展。

我们致力于以人文素养研修来提高教师生命质量。教育是一项指向人心灵的事业。试想，如果教师心灵充满了焦虑、浮躁，呈现浅薄甚至苍白的状态，又怎能培育出一颗颗美好、丰富、饱满、滋润的心灵呢？因此，一所学校的优劣，要看老师的灵魂，看老师的境界，看老师生命的质量。

教育技能的培训提升的是老师们知识传授的能力和技巧，但还不能触及老师们的心灵。为此，学校提出了“教师人文素养研修计划”，通过人文素养的研修，培养有信仰、有领导力、有生活情调、有智慧的老师，最终提升的是教师的文化自觉力和教育自觉力。我们相信，只有教师自己不断进行人生的修炼，他（她）才有可能对于教育产生一种深度的热爱，才能够在单纯朴素中体会幸福、在崇高信仰中感受幸福、在专业提升中获得幸福。

人文素养研修内容确定为四大课程板块：哲学、文学、史学、艺术。通过专家讲座、经典阅读、观看影视作品、人文考察、专题沙龙等多种途径和方式进行学习与研修。集团定期邀请名家学者开设讲座，推荐经典名著供教师阅读、学习、提高。

学校也一直鼓励老师积极地参与学校的科研和管理，培养教师的主人翁意识。比如，实施“基于问题解决”的课题负责制，开展小课题研究。由华东师范大学教授庞维国、杨向东主持的课题研究目前正在进行中，课题成果转化实施“项目负责制”，引导教师彼此合作，相互支持，将课题成果应用于教育教学实践。

我们致力于以民主管理来提高教师生命的境界。教育是人与人之间精神的契合，是人与人之间形成对话的敞亮的关系，这种“关系”是人类历史文化的核心。如果没有民主，没有充分的自由，对话就无以展开，关系就无以打通，交流便是空洞的存在。

“最低限度的限制、最大程度的自由”是我们学校管理的特色。

这一管理特色形成的前提，是我们对于教师的充分尊重和信任。我们认为，教师都有积极谋求专业发展的需求，每一个人都期望把工作干好，赢得领导、学生和家长的认可。要想更好地促进教师专业发展，使其不断地进行心性的修炼，重要的不是强迫、管束，而是不断改善学校的制度设计，给教师们的内在需求提供发展条件，创设温和宁静的文化氛围。

我们崇尚自主，实施底线管理，但是自主是有条件和前提的。“底线”也自有其“刚性”的一面。这些年我们一直致力于各种规范性管理制度的完善，从教师备课到作业批改，从教师的考核评价到教研活动，从总务管理到班主任管理等，我们都建立了相应的管理制度。建立这些制度的目的在于：第一，突出育人为本，一切为学生的发展服务；第二，规范各个部门、组织和个人的行为，使其趋向步调一致、首尾相顾，形成教育合力。而且，我们还把底线制度的设计放在各个部门、各教研组，由教师讨论制定相关条目。这样一来，制度对于教师来讲就不再是限制，而是引导、解放。“最低限度的限制、最大程度的自由”“底线管理”“最小限制”等策略，都是遵循教师发展规律之举，在彼此的尊重与信任中，使大家都有长足的进步。

第四篇 家长篇

第十二章
家庭也是一所学校

让家长与我们同行，让我们与社会共舞。
家长是学校的伙伴，也是重要的教育者。
做有信仰的教育，让家长成为我们的同行者。

当家长把孩子交给我们的时候，我们接过的是无数个家庭对孩子未来生活的美好希望和无限憧憬。面对这种期待，我们不敢有丝毫懈怠。一位优秀的老师，会把每一个学生都看在自己的眼里，记在自己的心上。面对满怀期待的家长，职业性质决定了教师必须用心培养。但是要培养出一个优秀的孩子，仅靠学校的努力是远远不够的，家长在这个过程中也扮演着非常重要的角色。我们认为，家长不仅仅是孩子的父母——孩子最亲最爱的人，也是孩子的教育者，是孩子最好的老师。这种双重身份决定了家长必须重视自己在孩子成长过程中的重要地位。

一、历久弥新的话题：怎么做父母

心理学研究表明，长期处于和谐气氛中的孩子，心情愉快，性格开朗，活泼自信，智力提高快；而长期处于压抑气氛中的孩子，往往缺乏热情，性格孤僻内向，脆弱忧郁，智力发展慢。因此，为孩子营造一个和谐的家庭氛围是父母的基本责任。孩子在成长过程中，对交流的需要胜过被照顾。换句话说，孩子们希望与家长建立平等的、敞开的、没有局限的沟通方式。那么怎样才能为孩子成长提供一个良好的氛围呢?

父母要与孩子建立朋友式的关系。这种关系是平等的，多数情况下，要让孩子自己管自己，自己教育自己。父母如果对孩子管得太严，会使孩子感到在家里没有平等地位；逆反心理强的孩子就会以拒绝父母要求的方式来报复父母，甚至在弱小者身上施展“成人”威力或是出现“超限反应”——对父母的要求不以为然；心理承受能力弱的孩子，更可能会走向极端。

美国著名的儿童心理学家霍普托·里查曾说过：你要把孩子当作你最好的朋友。霍普托·里查在观察美国 20 世纪 80 年代后期出生的儿童时发现，那些并不把自己当成父母的父母最容易成为孩子的朋友，也反而容易获得孩子的信赖和尊重；他们的孩子的独立自主能力也是最强的，学习情况通常也是最好的。因为只有这样，家长才能真正了解孩子，也才有可能深入到他们的内心世界，去帮助他们、引导他们。基于此，我们认为父母们应做到以下几点：

（一）做“理解型”的父母

俗话说：“理解万岁。”人都希望别人能够理解自己。孩子们更希望自己的父母能够理解他们。如果孩子做了令我们不满意的事，我们就大惊小怪、大发雷霆，只会使孩子心里产生抱怨，和我们产生隔阂。我们要信任孩子，要采用心平气和、商量讨论的方式，以理服人。我们要学会换位思考，想想孩子会有什么想法、什么感受。要知道，现在的孩子并不仅仅满足家长物质上的给予，他们也需要沟通，也需要理解。我们要用实际的行动让孩子知道我们理解他（她）。因此，在遇事时，我们不要火爆处理，要宽容和气，用理解与信任浇开孩子们的心灵之花。

要努力成为孩子的知心朋友。有的父母太在乎自己的“权威”和“面子”，认为自己有威信，要孩子对自己绝对服从。他们喜欢高高在上，不愿跟孩子平起平坐。时间久了，孩子很怕、也很讨厌家长这样的态度。我们应该变“长辈”为“朋友”。和孩子们像朋友一样相处、交谈，去认真聆听他们的心声，做他们的知心朋友，做他们的忠实听众。比如，家长可以经常和孩子一起玩游戏、聊天，一起学习。像在真人秀节目《爸爸去哪儿》里面，爸爸们和孩子说话时总是蹲下来，总是和孩子商量着怎么做；孩子们有情绪时，爸爸们也是耐心地和他们交谈，认真地听他们意见，像老朋友一样。这样既有利于孩子的健康成长，又利于亲子沟通，何乐而不为呢？

（二）做与孩子共同学习、共同进步的父母

父母是孩子的第一任老师，父母的言行举止时时刻刻都在影响着孩

子，都会成为孩子模仿和学习的对象。这就需要父母加强学习，为充实自己而学，为教育孩子而学，为成为孩子的榜样而学，为不被时代抛弃而学，争取做一个能把握时代脉搏、能与孩子共同进步的学习型家长。事实上，父母的成长和孩子一样，是没有止境的过程。父母不断学习、不断进步，其影响是无形而深刻的。

（三）要学会赏识和鼓励孩子

欣赏引导成功，抱怨导致失败。这是每一个家庭必须牢牢记住的。林肯曾说过：每个人都希望受到赞美。一个人，无论是大人还是孩子，无论他从事什么职业，都渴望受到别人的重视。对于孩子来说，由于年龄小，心理较幼稚，他们心灵最强烈的需求、最本真的渴望就是得到别人的赏识。心理学、教育学的研究表明：儿童的年龄越小，越需要外界的鼓励，特别是父母的鼓励。一个孩子如果在童年时代缺少被赏识的经验，会直接影响到个性的发展，甚至导致他（她）一生的个性缺陷。

随着孩子逐渐长大，不知不觉地，很多孩子感到父母流露的眼光中赞赏的成分越来越少，而失望的成分越来越多。调查表明，孩子进入小学阶段后，大部分父母对孩子的表扬越来越少。很多家长赏识孩子往往只有一个标准——“分数”。于是对大多数孩子来说，一旦进入不了前几名，便被认为是失败者。胡惠闵教授曾分别对上海一所小学的一名美国籍小学生和一名中国小学生询问同一个问题：这次数学考得怎样？结果美国孩子自信地说：“考得很好，我拿到了 90 分！”而同班的中国孩子却显得有些沮丧：“没考好，只有 98 分。”原因是他的爸妈提醒他，班上有一些孩子拿到了满分。有些父母不知道还有一种教育方法叫作“快乐教育”。他们常常有一种恨铁不成钢的态度，总把眼光盯在孩子的问题上。为了让孩子聪明，总说孩子笨；为了让孩子动作快，总说孩子动作慢；为了让孩子认真仔细，总说孩子粗心。在这种压力下，孩子会产生自卑感，会退缩，甚至畏惧。年龄稍大一些甚至会产生对抗心理甚至仇视意识，形成心理学上所说的“超限效应”。

（四）作为父母，一定要尊重孩子的个性

父母要了解孩子，这是教育和培养孩子的前提。了解孩子，是指父母亲要清楚自己孩子的特点。孩子之间的差异是很大的，承认差异，因材施教，教育才有可能成功。家长要想了解自己孩子的先天基因的特点、优点和弱点，就需要在具体的实践中用心去寻找、比较和鉴别。有的孩子视觉发达，有很强的图像分辨和对比能力，对色彩和层次反应敏感，表现出很好的空间天赋；有的孩子听觉发达，对声音的分辨能力很强，容易掌握音调和节拍，在识谱和记谱方面有特殊的能力，对音乐的兴趣十分浓厚，表现出很好的音乐天赋；有的孩子身体协调性、柔韧性强，平衡机能好，机械模仿能力极强，喜欢运动，有比较强烈的表演欲望；有的孩子思维能力强，记忆力和逻辑推理能力很强，创造力和想象力丰富，喜欢动脑，愿意做复杂的计算，在计算、运算、推理方面有天赋；有的孩子表达能力强，在语言方面很有天赋，愿意与人交流，喜欢听故事、讲故事、看书；还有的孩子交际能力强，在管理和协调方面很有天赋，喜欢在孩子们中扮演领导角色，愿意管理别人，适应能力很强。可见，每个孩子都是独一无二的，关键是父母采取怎样的态度去发掘和对待这种独特性。千万不要一厢情愿地想让孩子成为“别人家的孩子”。

二、家庭也是一所学校

家庭教育是对孩子健康成长不可缺少的一种教育，有学校教育、社会教育不可代替的作用。孩子成长过程中的大部分时间是在家庭中度过的，孩子的全部生活始终与家庭有着密切的联系。随着社会进步和社会结构的复杂化，家庭教育的重要性更为凸显。俗话说，父母是孩子的第一任教师。孩子从一出生下来，就和父母在一起，孩子的语言文字学习、心理思想态度、行为举止习惯都受到父母的熏陶和感染，其影响是非常大的。但是，有的家长却没有意识到。因此，做好家庭教育，当好孩子的第一任老师，对孩子身心健康成长是极其重要的。

家庭环境影响孩子的成长。因为环境因素有广泛性、经常性、自然性、偶然性等特点，所以孩子会受到种种影响。这些影响有与教育相一致的，也有与教育相矛盾的；有对孩子的身心发展有利的、积极的，也有不良的、消极的。因此，不能低估环境因素的作用。所谓“近朱者赤，近墨者黑”，在一定意义上说明了环境对人影响的作用。古代曾有“孟母三迁”，从“其舍近墓”到“迁居市旁”，最后徙居“学官之旁”，终于使孟轲在学官的影响下，成就“亚圣”的地位。这说明人们很早就重视环境对人的影响。

父母的行为有示范效应。家庭是社会的细胞，是孩子生活的第一环境，孩子的真正“启蒙教师”是自己的父母。教会孩子做人是孩子成长的首要条件，在孩子们用询问的眼光注视世界、认识世界的时候，他们眼中最常见到的是父母，父母的言行举止表达着他们自己的人生态度。

孩子的成长需要榜样，父母最先总是被孩子无条件认定、无意识模仿。因此，作为家长必须事事以身作则，给孩子起到良好的示范作用，堂堂正正地树立起自己在孩子心目中的高大形象。堂堂正正的人应该是一个正直的人、有责任心的人、言行一致的人、守时惜时的人……贪婪、自私、斤斤计较、欺善怕恶、爱吹牛、违犯法纪、缺乏爱心等表现都是最损害形象的，一旦印入孩子心中，不但难以磨灭，而且还是今后和父母产生情感障碍的潜在诱因。同时，它还常是导致孩子自卑、自我封闭、自暴自弃等病态心理的原因之一。另外，还要敢于在孩子面前认错，那种认为认错就意味着降低威信，于是强词夺理、颠倒黑白，甚至以打骂手段镇压孩子的做法是愚蠢的，也是缺乏担当的，会在孩子心里刻下失望、伤心和轻视。因此，家长要塑造好自己的形象，做好孩子的“启蒙老师”。

家庭教育对孩子习惯的养成、学习态度以及学习成绩都有着重大的促进作用。健全的人格离不开温暖的家庭港湾，在人格塑造中，家庭以其血缘联系产生着潜移默化而又根深蒂固的影响。家庭是中国人“家”文化的堡垒，也是精神的栖息地和冲突的避风港。因此，重视家庭教育需要家长不断地进行自我学习，更新自己对孩子的教育思想观念，提高自己对孩子的教育水平和能力。同时，要主动与学校教育紧密地结合起来，使孩子养成良好的行为习惯，提高孩子各方面的素质。只有这样，我们的孩子才能健康地成长。

事实上，父母承担了“家长”与“教师”的双重身份。在一定意义上，家庭教育的重要性大于学校教育。家庭教育才是教育的基础，孩童时代所受的教育影响着人的一生，孩子对世界的最初认识源于父母，家庭教育的影响刻骨铭心。

作为孩子的父母，要和孩子的成长同步。如果家长平时忽视自身的学习，特别是关于如何做一名好家长方面的学习，在教育培养孩子方面的观念落后，对孩子教育没有足够耐心，不懂得鼓励式教育，就很容易使孩子产生挫败感，不利于培养孩子的自信心。当孩子在学习中有较大的进步时，我们要及时给予表扬和赞美，适当地给予鼓励，但是赞扬和鼓励要适时有度，以帮助孩子树立自信心和提升学习兴趣为准。兴趣是孩子最好的老师，孔子曰："知之者不如好之者，好之者不如乐之者。"① 这句话体现了兴趣的重要性。孩子对学习的兴趣来源于学习上的进步或师长的表扬。因此，在孩子学习进步时说上一句鼓励或赞扬的话，会激发孩子对学习的热情，学习起来效率就会高。如果希望孩子能轻松地完成平时的学习任务，那么培养他们高效学习的能力至关重要。然而，高效学习的能力来自于孩子对学习的认真、热情和兴趣。在语言学习方面，家长可以采取激励加布置任务的形式让孩子广泛地阅读。实践证明，当孩子的阅读达到一定的量时，他就自然喜欢上了阅读。在数学思维能力的培养方面，当孩子在遇到难题时，首先要告诉孩子不能放弃，然后和孩子共同探讨，如果家长能力有限，就要让孩子和老师探讨，这样可以让孩子体验动脑筋思考问题成功的喜悦，从而提高学习数学的兴趣。当然，培养孩子的学习兴趣是个漫长和艰苦的过程，这需要家长坚持不懈地艰辛付出。

---

① 杨伯峻译注：《论语译注·雍也》，第 61 页。

第十三章

教育的同行者：家校沟通与合作

没有家庭教育的学校教育，或者没有学校教育的家庭教育都是不完整的。我们秉持山东大学“为天下储人才，为国家图富强”的家、国、天下情怀，搭建家校合作的平台，让我们携手前行，共同为孩子的幸福人生奠基！

孩子成长是教育共同场域中一切工作的核心环节，它牵动着家庭、学校乃至整个社会的关心。苏霍姆林斯基曾说：“教育的效果取决于学校和家庭教育影响的一致性。如果没有这种一致性，那么学校的教学和教育过程就会像纸做的房子一样塌下来。”[①] 也就是说，没有家校沟通，我们就无法形成教育理念的一致性，最终可能会因为学校和家庭教育的冲突而削弱教育的效果。

教育是一项系统工程，是一个多方面元素共同作用而形成的“生命

① ［苏］B. A. 苏霍姆林斯基：《给教师的建议》，第 526 页。

场”。现代教育是一种开放性的全方位教育，已经不再是以单一的学校教育影响为主的框架，学校、家庭与社会的总和交互影响着教育的发展。如果缺失任何一方，我们的教育都是不全面的，学生的心理发展也是不健全的。家庭是孩子的第一所学校，父母是孩子的第一任教师。家长在孩子的教育中扮演着重要的角色。加强家校沟通，形成教育合力，是提高教育教学质量的重要保证。通过家校合作，可以搭建起教育教学的桥梁，促进教育场域中家长、教师、学生全方位的共同成长。

一、教育理念的共识：家校沟通营造和谐关系

共享生命成长，陪伴孩子成长，重在参与。没有参与、不参加孩子的活动，就谈不上与孩子的共享，不参与就不能真正地了解孩子、走近孩子，与孩子的距离就会越来越远，“代沟”就会越来越深，沟通就会越来越难。因此，家长需要了解学校的教育理念，懂得教师的教育方法，同时积极参与学校的各种家校合作活动，良好的沟通是达成共享成长的必要前提。

有的家长说，孩子一回家就待在自己的房间里，不愿与父母交流。这是青春期常见的现象，解决方法就是家长要主动参与到孩子的生活中去，寻找共同兴趣点，创造机会与孩子一起参加活动、一起“玩”，把自己与孩子调到一个“频率”，就是所谓的要“同频”，慢慢地孩子就会接受你，把你当成朋友了。

家长可以从多方面了解教育理念与教学策略，在学习过程中慢慢理解教育的内在机理，懂得教育所要做的其实就是关注孩子内在品格的提

升。所谓与孩子共同成长就是要不断地提升自己、充实自己、完善自己。作为家长，每天面对的都是一个全新的孩子，孩子每天都在学习新的知识，都在提高、进步。如果家长不学习、不提高，就一定会落后于孩子，差距会越来越大，何谈对孩子的教育？

家校沟通是家校合作最基本的形式和途径。孩子生活在学校和家庭的两个空间里，在老师和父母之间，总会有一些互不了解的情况。要做好孩子的教育，就要有针对性，如果教师对学生在家的表现不了解，就不能恰到好处地教育学生；如果家长对孩子在学校的表现不知情，也无法行之有效地教育孩子。因此，必须加强家校沟通，增进家庭和学校相互之间的了解。要想准确把握教育时机，家长和教师之间就要保持通畅的沟通渠道，相互知道孩子在家庭和学校的表现。

充分发挥家庭教育的重要作用，优化教育环境，在学校和家庭间建立和谐、密切的联系，使教育形成“合力”和“向心力”，家长的作用至关重要。

对于家长来说，要形成主动沟通的意识。教育是教育者与受教育者思想的双向活动过程，要使教育有的放矢，收到预期的效果。为此，教师与家长之间应该经常联系，互相沟通，互通“情报”。但教师负责的教育对象多，精力有限，因此，家长要主动与教师取得联系。家长与孩子接触最多，最了解孩子在各方面的表现，应经常进行校访，实事求是地向老师反映孩子在家里的表现情况——哪怕是孩子在思想、情感等方面的细微变化，家长都应及时向老师反映；同时家长要了解孩子在学校的表现情况，以便学校家庭共同配合，取得更好的教育效果。

在沟通过程中，要不断加强和提高对家庭教育的认识。从孩子入学开始，父母首先应该了解学校有关学习、生活等方面的规章制度，了解学校的教学要求，以便主动配合学校，督促和协助子女完成学校的各项教育计划。在这里需要特别指出的是，有些家长把孩子上学读书，仅仅看作是学文化、学知识，就是上课堂听讲，回家做作业，过分地强调孩子的学习成绩，而对学校为培养孩子的思想品德而安排的教育计划几乎不闻不问。这会大大影响学校对孩子的教育效果，影响学校乃至教师在学生心目中的地位，最后影响学生在德智体美各方面的发展。因此，家长要加强对子女教育的责任感，要尽力配合乃至大力支持学校的工作。比如，学校为培养学生的生活自理能力，要求孩子在家里适当做一些家务，家长应积极支持和督促，千万不要因为孩子做不好而代劳。老师要求家长对学校教育的某些方面进行巩固和提高，如带孩子进行郊游、观察大自然现象等，家长也应尽可能达到学校的要求。

二、家校合作形成教育合力

家庭教育和学校教育都应以孩子为教育主体，相互配合，形成教育合力。家校共育，总的目的是为了孩子的健康成长，让孩子充分享受来自老师和家长的关怀，享受教育给孩子带来的欢乐。学校教育由于现行体制设计，要求对全体学生以统一的教学大纲为指导，施以统一规范和标准的管理和教育，有人形象化地将其比喻为“人才流水线”，对所有学生的要求和培养目标都是大体一致的。但是，由于家庭的千差万别，家长对子女教育的目标、成才的观念各不相同，家长对子女的教育理念和培养目标各不相同，而孩子的情况更是千差万别。因此，学校教育必须在家庭教育的配合下，具体分析每个孩子的实际情况，正确引导孩子成才，让孩子健康成长，拥有幸福人生。良好的家校合作不仅有利于学生的健康发展，而且对家长、教师的成长与学校的发展同样具有重要意义。

首先，家校合作有助于提高学生的学业成绩，全面提升学生素质，帮助学生顺利实现社会化。家校间的良好沟通与合作能为学生的健康成长营造出一种积极的文化氛围，有利于学生形成良好的学习态度，积极的世界观、人生观、价值观以及规范的社会道德观念。

其次，家校合作有助于家长更新教育观念，提高家长素养和家庭教育水平。家校合作为家长提供了重要的学习机会和正式的学习场所。在合作过程中，家长能够接触到科学的教育理念，借助专家和教师的专业理论与经验学会教导孩子的知识及技巧，还可以与其他家长交流、分享家庭教育经验，为孩子构筑一个良好的家庭氛围。

再次，家校合作有助于提升教师素质，提高教育教学效率。家校合作帮助教师与家长建立起伙伴关系，有利于促进融洽的亲师关系的形成，便于教师因材施教。同时，家校合作也减轻了教师的负担，在同等的学校教育条件下，提高了教育教学效率和质量。得到家长支持的教师，不但可以增进教学信心和与人沟通合作的能力，也可以从不同职业、经历和社会背景的家长身上学习知识，分享经验，从而促进自身的不断成长。

最后，家校合作有助于形成教育合力，促进学校的健康发展。通过家校合作，家长协助学校，学校帮助家长，形成教育合力，达到最大育人效果。家校合作有利于丰富学校教育资源，推进现代学校制度建设，让学校从更广的范围获得教育、教学、管理改革与发展的动力，从而提高教育质量。

整体而言，充分认识家校共建共育的重要性，提高教师和家长的合作共建教育意识，才能使教育的途径得以畅通，教育才能更有成效。学校与家庭若在学生教育问题上产生分歧，就会给学校的教育和管理带来种种的困难，降低学校教育的效率。家庭教育既是学校教育的基础，又是学校教育的补充。十年树木，百年树人，要努力促进家庭教育与学校教育的相互配合与协调。

三、 家校合作共建多样平台

（一）家长委员会

充分发挥家长委员会在家校合作中的重要作用。山东山大基础教育集团成立后，正逐步完善各级家长委员会，使其有序地开展工作；学校在集团成立后颁布试行办法之前成立的家长委员会也要按照新的要求适时进行调整。目前，集团所属各校区正在建立和完善家长委员会工作制度，明确家长委员会的定位和宗旨，制定切合实际的工作章程，完善家长代表、家长委员会委员和领导的产生和管理工作制度，结合学校实际进一步细化家长委员会的职责、权利和义务，逐步建立科学规范、有效参与、有序开展、成效显著的家长委员会运行机制。

家长委员会的每一位成员都应该处理好学校和家庭的关系，处理好家长和孩子之间的亲子关系，处理好个人和家长委员会集体的关系，尊重规律，热爱生命，敢于承担责任，让孩子享受到真教育。例如，山大附中和山大辅仁学校2016级家长代表大会在山大附中召开，会上2016级家长委员会正式成立，27 名 2016 级家长委员会成员宣誓就职。家长委员会成员表示全体成员将一起努力，秉承“服务、奉献、沟通、责任”的工作理念，架设和谐、信任的纽带桥梁，积极参与学校各项教育活动，积极配合学校做好家庭教育，让孩子阳光、快乐、自信，有尊严地成长。

因此，各学校需要依靠家长委员会，创新思路和举措，积极调动家长广泛参与学校教育的积极性，充分发挥家长的自身特长和优势，共同做好学校教育教学工作。特别是在校本课程开发、综合实践活动实施、家长志愿者服务、校外亲子活动等方面有所突破。要以专家团队、校领导、年级组长、班主任为主体，加强对家长委员会的家庭教育指导和培训，使各级家长委员会成员成为家庭教育的先行者和引领者。要依靠家长委员会这一机构，依托家长学校这一形式，积极引领和组织面向全体家长的家庭教育指导和培训，广泛开展基于家长自身需求的菜单式培训和指导，力争每位家长每学年都有机会接受集体培训，以提升家长的家庭教育专业水平。

（二）家长进课堂

设立学校开放日，推动家长进课堂活动的开展。学校致力于加大“开门办教育”的工作力度，定期设立开放日，让家长走进学校，走进课堂，走近教师和孩子，参与到学校教育中来，并提出自己对学校教育工作的意见和建议，进而理解和支持学校教育。

随着教育教学改革的不断深入，课堂教学已经成为现代教育最主要也是最完善的一种形式，它能构筑起一个系统化的知识传授与能力培养体系，是教师、学生创造、交流与反馈的最佳场所。而课堂教学的成效更是学生、家长及社会各界关注的焦点。学生家长和社会各界往往把课堂教学质量看作是衡量学校办学水平和教师教学水平的重要依据。为了让家长更全面地了解学校的教育思想、管理模式，进一步了解教师的教学水平和孩子的在校情况。集团各校区开展家长陪孩子听课，即“家长一日进课堂”的活动。让家长直接参与到教师的教育教学活动中，进一步促进了课堂教学的发展。

作为家长，走进了课堂，既亲身体会了老师课堂教学的技巧，又体会了老师的辛苦，同时也直接观察到了自己孩子在学校、特别是在课堂上的表现，甚至倾听到平时生活中所不能听到的孩子的心声，也为更全面地了解自己的子女搭建了平台。成功的课堂教学，能使家长对学校充满信心，对教师充满信任。通过请家长进课堂，让家长了解到学校的发展前景和现状，使家长对教师更加了解，在一定程度上消除了学校与家长、教师与家长之间的隔膜，为和谐交流打下了基础，拉近了家长与学校、教师之间的距离，使三方关系更融洽。同时，孩子的父母最了解孩子，在一定程度上教师通过家长更能了解学生的性格特点、学习习惯、思想动态等，教学时就能做到因材施教，对不同学生采用不同的教育方式，从而也大大提高了教学质量，家长对学校也更理解、更信任了。

集团各校区倡导家长与学校同行，在教师、家长达成共识的前提下，形成强大的合力，教师更有信心把学生教育好，使他们能够快乐、健康、茁壮地成长，家长更放心将孩子交给学校、交给老师。基础教育改革的路很长，家长能放心，教师有信心，学校有能力，通过家长进课堂等各种家校合作平台的搭建，最终必将实现对学生的全面合理培养。

（三）家长会

增强家长会的互动性。家长会作为传统的家校合作方式，仍是教师和家长间交流学生情况、共同寻找最佳教育方法的有效途径。学校每学期至少召开两次家长会，以互动为纽带，架起学校与家长、家长与家长之间沟通的桥梁。

家长会有助于家长了解孩子在校的表现，有利于老师了解孩子的性格特点，开展针对性教育。每个学生的性格、能力、爱好都是不同的，学生在学习与成长过程中也可能出现不同的特点：有人学得快，有人学得慢；有人成熟得早，有人成熟得迟；有人兴趣比较广泛，也有人兴趣比较专一。这些差别对于某些学生而言，因为性格心理等原因，未必会在学校里流露出学习与生活中的某些不良情绪和倾向。但在家里，他的防备心理可能会轻很多，细心的家长相比学校会更容易发现学生各个时期异常心理的流露。在家长会尤其是新生入学家长会上，家长可以把自己孩子的优势和不足，以及孩了的性格特点都告诉老师，并定期与老师沟通。在期末的家长会时，家长可以利用这一机会了解自己孩子在校的行为习惯、学习习惯、学习成绩等方面的表现，开展有针对性的教育。

开展有效的家长会活动能让家长了解学校教育的方式、内容和要求，以便使家长能在对孩子的教育过程中配合学校开展教育，积极给孩子营造良好的成长环境，保持与学校教育的一致性，使学生能更健康地成长。

（四）家访

提倡教师进行家访。家访是行之有效的家校合作的手段，在新时期，学校需要重新认识家访内涵，把家访当成提高自身修养、反思教育行为的一个重要契机。

家访工作是学校德育工作和教学工作的重要组成部分，是联系教师、家长、学生心灵的纽带，是协调家庭教育与学校教育要求相一致的桥梁，是促进学生身心健康、构建和谐家校关系的有效途径。经常有目的的家访会提升家校的“和谐指数”，这是一项非常有必要和有意义的教育工作。家访有助于班主任和教师了解学生的家庭状况，帮助班主任、教师“对症下药”地教育学生；家访有助于改变家长的教育观念和方法，使家庭教育方法日趋科学、合理，家庭育人环境日趋优化；家访创造了家校沟通机会，使班主任和教师可以了解学生一些不良生活行为习惯的形成原因，有助于形成教育合力，提高学校德育工作效度，帮助学生养成良好的生活行为习惯；家访有助于了解学生的理想信念，根据学生的实际情况，帮助学生走出迷茫，确定自己的人生目标。

（五）家长文化活动

学校可为家长之间的学习等文化活动提供诸如场地等协助，利用学校一些相对盈余的资源为家长提供音乐、英语等方面的知识补充。在这一过程中，我们希望能让家长理解、认可、支持直至自觉践行学校的教育理念和价值观念。我们希望达到一种家长和孩子之间的互相支持理解，家长与家长之间的相互借鉴成长，通过家长文化活动这一形式打造学生教育的大生态圈。

（六）家校合作项目组

教育是一个系统工程，只有把家庭、学校、社会结合起来，形成教育合力，才能真正促进孩子健康快乐地成长。在这一理念指导下，山大附中于2006年成立了家校合作课题组，致力于家庭教育、家校合作方面的课题研究。在学校“科研兴校”思想的倡导下，几个一线的“妈妈”老师自愿组织起来，成立了这个课题组，从外出学习、到搜集文献资料，再到思考与碰撞，四年的努力最终换来了“山大附中家庭、学校、社区合作的基本框架”。2010年在课题组主要成员的基础上，重新整合成立了“家校合作项目组”，并开始了新的征程与探索。在这个过程中，又遇到了实践中的一些新问题，经过不断的反思、修改、提升，终于使山大附中摸索出一套家校合作的体系，这个体系现在已经在集团各校区推广实施。

1. 开办家长学校

首先，为了使学校的教育理念真正为家长理解、支持，为了加强学校家庭教育理论体系建设，规范学校家庭教育的指导内容和要求，提高家庭教育的科学性、针对性、实效性，家校合作课题组依据《全国家庭教育指导大纲》，结合学校实际，制定了《山大附中家长学校课程规划》，为不同年级的学生家长设置了不同的必修课和选修课、不同主题的家长沙龙或其他活动。旨在完善家长学校组织建设，规范管理，提高家长学校办学水平。

其次，编写教材——《家长手册》《家校联系手册》。学校自编了适合不同年级学生家长的《家长手册》作为家长学校教材，帮助家长了解学校教育的阶段目标与要求。手册以最朴素、最简单的语言告诉家长们孩子可能会遇到的学习、生活、心理、情感、行为等方面的问题，就事论理，诠释方法，加以指导，具有很强的可读性和实用性。《家校联系手册》主要内容是督促孩子的家务劳动，引导孩子养成良好的行为习惯和学习习惯，并学会反思。该教材还可以记录老师和家长的评价或鼓励，形成学生、家长、老师的互动。

再次，开展丰富多彩活动，切实促进家校合作。（1）举办专家报告或讲座。每学期安排4～6次专家讲座，旨在提高家长的家庭教育理论水平。（2）组织家长沙龙。家长学校的上课形式不仅有专家讲座、经验分享，还有方便老师与家长、家长与家长当面交流的家长沙龙。根据家长的要求和不同阶段学生情况，提出主题，讨论和解决一些家庭教育过程中遇到的实际问题。（3）举办家长论坛、编辑教子文集。动员家长写教子心得，并编辑印刷制成论文集，发给家长阅读，从而搭建起一个相互学习的平台。（4）开设“妈妈课堂”。口号是：“进妈妈课堂，做幸福妈妈。”（5）同读一本书，同看一部电影。如：一起阅读台湾作家龙应台的《亲爱的安德烈》《孩子你慢慢来》，孙云晓的《拯救男孩》《教育就是培养好习惯》《家长忠告》，还有《不存在的女儿》等。通过这种形式，可以共同交流、学习与提高。（6）设置“家校合作”专栏。在学校网站上设置“家校合作”专栏，及时发布“家长学校活动新闻公告”“家长学校开课通知”“家长学校作业”以及“家长优秀作业选登”等，使家长学校有了自己的一方天地，使家校沟通更加方便快捷。

2. 协助组建集团各校区学校、年级、班级三级家长委员会

第一，召开家长代表大会，成立家长委员会，健全组织，完善制度建设。家长委员会的制度化建设，使其逐渐步入正轨，良性循环地运作。第二，招募“爱心家长志愿者”，组建“家校护卫队”。现在附中每个年级有大约300多名家长报名参加护卫队。第三，家委会参与组织的活动有：家委会与学校一起策划、参加学生的集体活动，如30公里徒步远足、我为山大附中献计献策、14岁生日庆典、母亲节活动等体验活动等。针对每次活动，家长都会作出评价或写出感想。引导家长关注孩子的成长，关心学校的教育活动，增进家长、孩子、学校间的相互了解。

3. 不断强化家庭、学校、社区的亲密接触

（1）成立“家庭互助组”。家庭互助组是在家长学校的倡议下，由家长自发、自愿组成的一个家庭组织，他们的孩子一般是住在同一个小区，或同班或同年级。“家庭互助组”利用周末或节假日一起学习、聚会、外出参观、郊游等。互助组的成立为家长之间、孩子之间的交流搭建起平台，他们自主开展活动，通过活动增进孩子和父母的感情，让孩子学会与人相处、与人合作；家长也在活动中更全面地了解、认识孩子，学习借鉴别人的教子经验，互相解疑释惑，交流教子体会。学生家长有着不同的丰富多彩的人生经历，将这些经历跟孩子们分享，不仅孩子们获益匪浅，对家长来说也是一种收获。

（2）家校进社区。举办“共植一棵树”“父母工作一日体验”“走进博物馆”“爱泉护泉小分队”“我当小导游”“走进农科院”“参观奶牛厂”等活动，让学生亲近自然，走进社会，促进学生的全面发展。

（3）家社进学校。①三方携手举办“14岁生日庆典”；②利用家长资源举办“大家讲堂”。充分享用社区、家长资源。在学校实施素质教育、推进课程改革的过程中，家长是非常宝贵的教育资源。学校家委会通过招募爱心家长志愿者，成立了“家长资源库”，让家长各显其能，各展其长，充分挖掘来自家长的教育资源。③“家长一日进校园活动”。把家长的意见每月集中反映给校长，把解决的方案再反馈给家长。这一活动形成了积极的效果。比如，考试后家长不冷静对待孩子的情况大大减少，他们能静下心来分析孩子的学习情况。家长对学校的教育理念更加理解了，对任课教师、班主任的认可度也随之提高。

以上种种教育实践，搭建起了家校合作教育的桥梁，学校、家庭、社会三方在共同构成的场域中共享生命成长。

主要参考文献

蒋勋：《孤独六讲》，广西师范大学出版社 2009 年版。

茅卫东：《重寻教师尊严》，首都师范大学出版社 2011 年版。

王国轩、王秀梅译注：《孔子家语》，中华书局 2009 年版。

杨伯峻译注：《论语译注》，中华书局 1980 年版。

杨伯峻译注：《孟子译注》，中华书局 1984 年版。

周国平：《周国平论教育》，华东师范大学出版社 2009 年版。

杜长明：《九个维度评价一堂课》，《中国教育报》2016 年 11 月 16 日第 11 版。

梁启超：《趣味教育与教育趣味》，《饮冰室合集 · 文集之三十八》，中华书局 1936 年版。

梁启超：《少年中国说》，张品兴主编：《梁启超全集》第一册第二卷，北京出版社 1999 年版。

王丽娜：《让合作学习的价值最大化》，《中国教师报》2016 年 12 月 28 日第 5 版。

周宏：《雅斯贝尔斯交往理论探析》，《现代哲学》2000 年第 1 期。

朱小蔓：《在心中掌一盏灯》，丁永为著：《世界著名教育思想家：杜威》“编者序”，北京师范大学出版社 2012 年版。

［苏］B. A. 苏霍姆林斯基：《给教师的建议》，杜殿坤译，教育科学出版社 1984 年版。

［美］J. 辛格尔顿：《应用人类学》，蒋琦译，湖北人民出版社 1984 年版。

［德］卡尔 · 雅斯贝尔斯：《什么是教育》，邹进译，三联书店 1991 年版。

［美］马斯洛：《马斯洛人本哲学》，成明译，九州出版社 2003 年版。

［美］托灵 · M · 芬瑟：《学校是一段旅程》，吴蓓译，中国青年出版社 2015 年版。

［俄］乌申斯基：《〈祖国的语言〉教学指南》，载张焕庭主编：《西方资产阶级教育论著选》，人民教育出版社 1979 年版。

图书在版编目（CIP）数据

共享生命成长／赵勇著．—济南：山东大学出版社，2019.5（2020.11 重印）

ISBN 978-7-5607-6348-4

Ⅰ.①共…　Ⅱ.①赵…　Ⅲ.①中学教育—教育研究　Ⅳ.①G632.0

中国版本图书馆 CIP 数据核字（2019）第 101315 号

策划编辑：杜永波　秦大忠　武迎新
责任编辑：王　潇
封面设计：毕安琪
美术编辑：牛　钧

出版发行：山东大学出版社
　　社　址　山东省济南市山大南路 20 号
　　邮　编　250100
　　电　话　市场部（0531）88363008
经销：新华书店
印刷：济南华林彩印有限公司
规格：720 毫米×1000 毫米　1/16
　　8 印张　131 千字
版次：2019 年 5 月第 1 版
印次：2020 年 11 月第 2 次印刷
定价：36.00 元
